Inhalt

Wok Kochbuch

Die 150 besten Wok Rezepte. Genießen Sie die vielfältige Welt der asiatischen Küche.

Chen Lu Williams

Schweinegeschnetzeltes mit Sahnesauce

Zutaten für 2 Portionen:

- 1-2 EL heller Soßenbinder
- 500 g Schweineschnitzel
- 1 TL scharfer Senf
- 250 g kleine Kräuterseitlinge
- 200 g Schlagsahne/1 Stange Porree
- 150 ml trockener Weißwein
- 2 Zwiebeln/Salz und Pfeffer
- 4 Salbeistiele/4 EL Öl

Zubereitung:

Das Fleisch in Streifen schneiden. Die Kräuterseitlinge waschen und halbieren. Den Porree waschen und in Ringe schneiden. Die Zwiebeln schälen und in Spalten schneiden. Den Salbei waschen und die Blätter abzupfen. In einem Wok Öl erhitzen. Den Salbei anbraten und wieder herausnehmen. Das Fleisch anbraten mit Salz, Pfeffer würzen. Das Fleisch herausnehmen. Die Kräuterseitlinge in demselben Wok anbraten. Die Zwiebeln und den Porree hinzugeben. Mit dem Wein, der Sahne sowie 150 ml Wasser ablöschen und aufkochen lassen. Die Sauce für 5 Minuten köcheln lassen. Anschließend das Fleisch hinzugeben und mit Senf, Salz sowie Pfeffer abschmecken. Mit Saucenbinder etwas andicken und zusammen mit dem Salbei anrichten.

Geschmorrte Gurken mit Lachs

Zutaten für 4 Portionen:

- ½ Bund Koriander
- 600 g Lachsfilet
- 2 EL Sesamsaat
- 300 ml Teriyaki Sauce
- 4 EL Öl
- 800 g Schmorgurken
- 1 rote Chilischote
- 200 g Mini Pak Choi

Zubereitung:

Zuerst den Lachs waschen und in Scheiben schneiden. Danach mit 100 ml der Teriyaki Sauce beträufeln und ziehen lassen. Die Gurken schälen und entkernen. Danach die Gurken in Scheiben schneiden. Das Pak Choi waschen. Die Chilischote waschen, entkernen und klein schneiden. In einem Wok 2 EL Öl erhitzen. Darin die Gurken für 5 Minuten anbraten. Den Sesam, die Chilischote sowie das Pak Choi hinzugeben und anbraten. Das Ganze mit 200 ml der Teriyaki Sauce ablöschen und für 3-4 Minuten köcheln lassen. In einer Pfanne 2 EL Öl erhitzen und den Lachs von allen Seiten anbraten. Den Koriander waschen und die Blätter über die Gurken verteilen.

Spargel mit Steak

Zutaten für 4 Portionen:

- Limettenspalten
- 500 g grüner Spargel
- Röstzwiebeln
- 1 Bund Lauchzwiebeln
- 1 Msp. Speisestärke
- 200 g Kirschtomaten
- Zucker/800 g Rumpsteak
- Saft 1 Limette/2 EL Öl
- 100 ml Sojasauce
- Salz und Pfeffer
- 100 g Erdnusskerne

Zubereitung:

Den Spargel waschen und die Enden entfernen. Die Lauchzwiebel waschen und in Ringe schneiden. Die Tomaten waschen. Das Steak in Streifen schneiden. In einem Wok Öl erhitzen und das Fleisch anbraten. Danach herausnehmen und mit Salz sowie Pfeffer würzen. Den Spargel in demselben Wok geben und für 2-3 Minuten anbraten. Danach die Zwiebeln, die Nüsse sowie die Tomaten hinzugeben. Mit 200 ml Wasser, dem Limettensaft und der Sojasauce die Masse ablöschen. Anschließend die Sauce etwas andicken und die Fleischstreifen hinzugeben. Das Ganze mit den Röstzwiebeln bestreuen. Zum Servieren die Limettenspalten darauf anrichten.

Eiernudeln mit Kokos und Gemüse

Zutaten für 4 Portionen:

- Salz und Pfeffer
- 20 g getrocknete Pilze
- 200 ml ungesüßte Kokosmilch
- 200 g asiatische Eiernudeln/1 EL Curry
- 2 Möhren
- 150 g Zuckerschoten/2 EL Öl
- 1 rote Paprikaschote/500 g Hüftsteak

Zubereitung:

Wasser aufkochen und die Nudeln sowie die Pilze separat damit übergießen. Beides für 5 Minuten quellen lassen. Das Gemüse schälen und klein schneiden. Das Fleisch waschen und in Streifen schneiden. In einem Wok Öl erhitzen. Das Fleisch anbraten und aus dem Wok nehmen. Danach die Pilze abtropfen lassen und mit dem Gemüse für 8 Minuten anbraten. Anschließend die Nudeln hinzugeben und alles für 3-4 Minuten weiterbraten. Das Fleisch hinzufügen und mit Curry würzen. Zum Schluss mit der Kokosmilch alles ablöschen und aufkochen lassen. Den Wok verschließen und für 5 Minuten köcheln lassen. Vor dem Servieren mit Salz und Pfeffer abschmecken.

Reis mit Schwein und Gemüse

Zutaten für 6 Portionen:

- 3 Prisen Pfeffer
- 1 TL Salz
- 2 Karotten
- 1 rote Paprika
- 60 ml Kokosmilch
- 1 Zwiebel
- 90 ml Sojasauce
- ¼ Karfiol
- 5 EL Öl
- ¼ Brokkoli
- 400 g Schweinefleisch
- 1 Zucchini/200 g Sojasprossen
- 3 Prisen Chilipulver
- 1 Tasse Reis/3 Prisen Ingwer
- ½ TL Salz für den Reis

Zubereitung:

2 Tassen Wasser mit ½ TL Salz zu dem Reis geben und diesen darin garen. Die Zwiebeln sowie die Karotten schälen. Die Karotten in Scheiben und die Zwiebel in Stücke schneiden. Den Brokkoli und den Karfiol in Röschen teilen. Die Paprika entkernen, waschen und klein schneiden. Die Zucchini waschen, halbieren und in Scheiben schneiden. Das Fleisch in Streifen schneiden. Das gesamte Gemüse miteinander mischen. 1/3 des Öls in einem Wok erhitzen. Darin 1/3 des

Schweinefleischs anbraten. Danach 1/3 des Gemüses hinzugeben und unter Wenden anbraten. Das Ganze mit Salz und Pfeffer sowie Chilipulver und Ingwerpulver abschmecken. Mit 1/3 der Kokosmilch sowie 1/3 der Sojasauce ablöschen und auf Tellern anrichten. Darauf den Reis garnieren und mit den restlichen Zutaten genauso verfahren.

Glasnudeln mit gebratenem Gemüse

Zutaten für 2 Portionen:

- 1 Prise Salz
- 100 g Glasnudeln/2 TL Wok Gewürz
- 150 g Hühnerfleisch/5 EL Sweet Chili Sauce
- 375 g tiefgefrorenes Wok Gemüse
- 2 EL Rapsöl/1 Zwiebel
- Ingwerwurzel (3 cm)
- 1 Knoblauchzehe

Zubereitung:

Den Ingwer, die Zwiebel und den Knoblauch schälen. Die Zwiebel klein schneiden. Den Ingwer sowie den Knoblauch in Scheiben schneiden. In einem Wok das Rapsöl erhitzen. Die Zwiebeln anbraten. Danach das Fleisch sowie den Ingwer und den Knoblauch hinzugeben. Alles zusammen anbraten. Anschließend das Gemüse hinzugeben und mit Salz, dem Wok Gewürz sowie der Sweet Chili Sauce das abschmecken. Die Nudeln mit kochendem Wasser übergießen. Danach für 10 Minuten quellen lassen und abschütten. Die Glasnudeln zu dem Gemüse geben und mischen.

Hühnchen mit Sesam

Zutaten für 4 Portionen:

- 6 EL Hühnersuppe
- 500 g Hühnerbrust
- 50 g Sesam
- 1 TL Speisestärke
- 1 Bund Frühlingszwiebeln
- 1 Prise Salz und Pfeffer
- 6 EL Sesamöl
- 5 EL Sojasauce

Zubereitung:

Die Hühnerbrust in Streifen schneiden. Die Speisestärke mit 3 EL Öl und 2 EL Sojasauce mischen. Das Fleisch darin für 30 Minuten im Kühlschrank marinieren. Die Frühlingszwiebeln waschen und in Ringe schneiden. In einem Wok das restliche Öl erhitzen. Den Sesam anbraten. Danach die Frühlingszwiebeln sowie das Fleisch hinzugeben und anbraten. Mit der Hühnerbrühe und der restlichen Sojasauce ablöschen. Das Hühnchen mit Salz und Pfeffer abschmecken.

Rindfleisch mit Eiernudeln

Zutaten für 2 Portionen:

- 1 EL Koriander
- 250 g Beiried
- 3 EL dunkles Sesamöl
- 25 g Ingwer
- 1 rote Chilischote
- 250 g Pak Choi
- 250 g Asia Eiernudeln

Zubereitung:

Das Fleisch in Scheiben schneiden. Den Ingwer schälen und würfeln. Das Pak Choi waschen und in Streifen schneiden. Die Chilischote in Ringe schneiden. In einem Topf Salzwasser aufkochen und die Nudeln nach Packungsanweisung kochen. Die fertigen Nudeln abschütten. 3 EL Öl in einem Wok erhitzen. Das Fleisch anbraten und das Pak Choi untermischen. Die Chilischote, die Nudeln sowie den Ingwer hinzugeben und alles mischen. Mit der Sojasauce sowie dem Sesamöl würzen. Alles anrichten und mit dem Koriander garnieren.

Scharfes Hühnchen mit Gemüse

Zutaten für 4 Portionen:

- 1 Prise Salz und Pfeffer
- 600 g Hühnerbrustfilets ohne Haut
- 4 EL süß-scharfe Chilisauce
- 1 rote Paprika
- 50 g Sojasprossen
- 1 grüne Paprika
- 2 Knoblauchzehen
- 250 g Chinakohl
- 4 EL Sojasauce
- 100 g Bambussprossen
- 2 EL Öl

Zubereitung:

Den Knoblauch schälen und hacken. Das Fleisch in Scheiben schneiden. Die Paprika entkernen, waschen und in Streifen schneiden. Den Chinakohl klein schneiden und abspülen. In einem Wok Öl erhitzen. Das Fleisch in 1 EL Sojasauce und Pfeffer marinieren. Danach in den Wok geben und anbraten. Das fertige Fleisch aus dem Wok nehmen und das Gemüse mit dem Knoblauch in demselben Wok anbraten. Danach das Fleisch mit den Sojasprossen hinzugeben und mit der Chilisauce sowie der restlichen Sojasauce würzen. Für 1 Minute unter Rühren dünsten und anrichten.

Gebratener Reis mit Karotten

Zutaten für 4 Portionen:

- 1 Knoblauchzehe
- 100 g Reis/5 EL Gemüsebrühe
- 250 ml Wasser/1 EL Sesamöl
- 1 Prise Salz/1 EL Sojasauce
- 4 Karotten/1 EL Öl
- 2 Lauch
- ½ Ingwerknolle
- 1 Zwiebel

Zubereitung:

Den Reis mit der doppelten Menge Wasser mischen und mit Salz würzen. Danach den Reis für 20 Minuten quellen lassen. Den Lauch, die Zwiebel und die Karotten in Streifen schneiden. In einem Wok das Öl erhitzen. Den Ingwer und den Knoblauch würfeln. Beides in dem Wok anbraten. Danach das Gemüse hinzuheben. Zum Schluss den Reis in den Wok geben und rösten. Alles mit dem Sesamöl sowie der Sojasauce würzen. Mit etwas Gemüsebrühe abschmecken und alles nochmals erhitzen.

Thunfisch mit gebratenen Reisnudeln

Zutaten für 1 Portion:

- 1 Jungzwiebel
- 1 Pck. Reisnudeln
- 1 Schuss Sesamöl
- 1 Dose Thunfisch
- ½ Chilischote

Zubereitung:

Die Reisnudeln nach Packungsanweisung kochen und abschütten. Die Zwiebeln sowie die Chilischote in Ringe schneiden. Das Öl in einem Wok anbraten. Danach den Thunfisch sowie die Reisnudeln hinzuheben und alles anbraten. Vor dem Servieren abschmecken.

Hühnchen süß-sauer

Zutaten für 6 Portionen:

- 1 Prise Salz
- 900 g Hühnerbrust/2 EL Öl
- 300 g Bambussprossen/1 EL Honig
- 1 Tasse Gemüsesuppe
- 3 EL Sweet Chilisauce

Zubereitung:

Das Fleisch würfeln. In einem Wok den Honig sowie das Öl erhitzen. Danach das Fleisch hinzugeben und anbraten. Mit der Gemüsebrühe ablöschen und die Bambussprossen hinzugeben. Mit Salz und der Sweet Chilisauce abschmecken. Danach ziehen lassen und anrichten.

Sprossen mit gebratenen Nudeln

Zutaten für 2 Portionen:

- 4 Prisen Chiligewürz/250 g chinesische Eiernudeln
- 2 EL Sojasauce/½ Glas Bambussprossen
- 200 g Sojasprossen/2 EL Sesamöl

Zubereitung:

Zuerst die Nudeln nach Packungsanweisung kochen und abschütten. Die Bambussprossen abtropfen lassen. Die Sojasprossen waschen und ebenfalls abtropfen lassen. In einem Wok das Öl erhitzen. Die Nudeln darin anbraten. Danach die Bambussprossen hinzugeben und ebenfalls anbraten. Anschließend die Sojasprossen hinzufügen und anbraten. Mit der Sojasauce sowie dem Chiligewürz abschmecken.

Hühnchen mit Mie-Nudeln und buntem Gemüse

Zutaten für 3 Portionen:

- 7 EL Sojasauce
- 250 g chinesische Mie-Nudeln
- 2 EL getrocknete Asia-Kräuter
- 2 Hühnerfilets
- 2 EL Wok-Öl
- 1 Msp. Knoblauchpulver
- 1 Petersilienwurzel
- 4 Karotten/½ TL Paprikapulver
- ½ Zucchini
- 1 Zwiebel
- 1 Paprika

Zubereitung:

Die Nudeln nach Packungsanweisung kochen. Das Fleisch in Streifen schneiden und mit Knoblauchpulver, Paprikapulver sowie den Asia-Kräutern würzen. Das Öl in einem Wok erhitzen und das Fleisch anbraten. Danach aus dem Wok nehmen. Das Gemüse schälen und klein schneiden. Das Gemüse anbraten und das Fleisch wieder in den Wok geben. Anschließend die Nudeln hinzugeben und alles mischen. Mit Wasser ablöschen und mit den Asia-Kräutern sowie der Sojasauce abschmecken. Alles köcheln lassen und anrichten.

Vegetarisches Bami Goreng

Zutaten für 2 Portionen:

- 1 Prise Salz und Pfeffer
- 100 g Eiernudeln
- 1 Schuss Sojasauce
- 2 Eigelb
- 80 g gefrorene Erbsen
- 2 Knoblauchzehen
- 2 EL Öl
- ¼ Chinakohl
- 1 rote Paprika
- 2 Frühlingszwiebeln

Zubereitung:

Salzwasser aufkochen lassen und die Nudeln darin garen. Danach abschütten. Den Knoblauch schälen und hacken. Die Frühlingszwiebel waschen und in Ringe schneiden. Den Chinakohl in Streifen schneiden. Die Paprika entkernen, waschen und ebenfalls in Streifen schneiden. Das Öl in einem Wok erhitzen. Darin den Knoblauch dünsten. Anschließend das Gemüse hinzugeben und für 10 Minuten dünsten. Die Eier mit Salz und Pfeffer verquirlen. Die Nudeln mit den Eiern in den Wok geben und mischen. Das Ei stocken lassen. Zum Schluss mit Sojasauce abschmecken.

Hühnchen Bami Goreng

Zutaten für 2 Portionen:

- 1 Prise Salz
- 250 g Hühnerbrust
- 1 Schuss Sojasauce
- 1 Zwiebel
- 60 g Eiernudeln
- 2 Knoblauchzehen
- 3 Karotten
- 2 EL Öl

Zubereitung:

Das Fleisch würfeln. Den Knoblauch und die Zwiebel schälen. Beides hacken. Das Öl in einem Wok erhitzen und den Knoblauch sowie die Zwiebel darin dünsten. Danach das Fleisch hinzugeben. Alles anbraten. Die Karotten waschen und in Scheiben schneiden. Die Karotten ebenfalls in den Wok geben und braten. In einem Topf Salzwasser aufkochen und die Nudeln für 5 Minuten kochen lassen. Danach zu dem Fleisch geben und mischen. Das Ganze mit der Sojasauce und Salz abschmecken.

Fruchtige Hühnerbrust

Zutaten für 4 Portionen:

- 2 Beutel Reis/700 g Hühnerbrust
- 1 EL indische Gewürzpaste
- 1 Dose Cocktailfrüchte/1 Tasse Olivenöl
- 3 EL Schlagsahne
- 3 EL gefrorene italienische Kräuter
- 1 Bund Frühlingszwiebeln/1 TL Chili
- 1 Prise Salz und Pfeffer
- 1 EL Knoblauchpulver
- 1 EL Honig
- 2 EL Curry

Zubereitung:

Das Hühnchenfleisch würfeln. Den Honig mit dem Öl, Salz, Pfeffer, Curry, Chili, Knoblauchpulver und den Kräutern mischen. Darin das Fleisch marinieren und für 30 Minuten ziehen lassen. Den Reis nach Packungsanweisung garen und warmhalten. Die Früchte abtropfen und dabei den Saft auffangen. Die Frühlingszwiebeln waschen und in Ringe schneiden. In einem Wok das marinierte Fleisch anbraten. Anschließend die Frühlingszwiebeln hinzuheben und mitbraten. Danach die Früchte sowie die Gewürzpaste hinzugeben. Mit dem Saft das Ganze ablöschen und einkochen lassen. Zum Schluss die Schlagsahne einrühren und mit Curry sowie Salz abschmecken. Mit dem Reis servieren.

Hühnchen mit Reis und gebratenen Champignons

Zutaten für 2 Portionen:

- 100 g Jasmin-Reis
- 200 g Hühneroberkeule ohne Knochen
- 1 Prise brauner Zucker/1 EL Sesamöl
- 80 g Sojasprossen/1 TL Currypulver
- 80 g Zuckerschoten/80 g violette Karotten
- 80 g braune Champignons

Zubereitung:

Wasser aufkochen und den Reis darin für 20 Minuten quellen lassen. Das Fleisch in Streifen schneiden und mit Salz würzen. Danach in Mehl wenden. Das Sesamöl in einem Wok erhitzen. Darin das Fleisch anbraten und mit Curry würzen. Die Karotten schälen und in Streifen schneiden. Die Champignons waschen und ebenfalls in Streifen schneiden. Die Sojasprossen sowie die Zuckerschoten waschen. Alles anbraten und mit Zucker sowie der Sojasauce abschmecken. Den Reis unter das Fleisch mischen und anrichten.

Gebratener Fisch mit Paprika

Zutaten für 4 Portionen:

- 1 rote Chilischote
- 600 g Fischfilets
- 2 Knoblauchzehen
- 1 ½ Tasse Reis
- 3 Karotten
- 1 Glas Morcheln
- 150 g Sojasprossen
- 4 EL Sesamöl
- 100 g rote Paprika
- 2 EL Sojasauce
- 100 g gelbe Paprika
- 1 EL Honig
- 200 g Okraschoten

Zubereitung:

Den Fisch würfeln. Aus Öl, Knoblauch, Sojasauce, Chili und dem Honig eine Marinade herstellen. Den Fisch darin für 1 Stunde ziehen lassen. Wasser aufkochen und den Reis darin nach Packungsanweisung zubereiten. Die Karotten schälen und in Scheiben schneiden. Die Paprika entkernen, waschen und in Streifen schneiden. Die Okraschoten würfeln. Das Sesamöl in einem Wok erhitzen. Den Fisch darin anbraten und wieder herausnehmen. Das Gemüse in demselben Wok anbraten. Danach den Fisch wieder hinzugeben und alles mischen. Mit der Sojasauce abschmecken. Den Fisch mit dem Reis anrichten.

Hühnchen in Orangensauce

Zutaten für 4 Portionen:

- 5 frische Korianderzweige
- 2 EL Distelöl/1 Orange
- 1 Zwiebel/1 TL Stärke
- 180 g Karotten/1 TL Stärke
- 350 g Huhn/100 ml Orangensaft
- 2 Knoblauchzehen
- 1 EL brauner Zucker
- Ingwer (2 cm)
- 1 EL Tomatenmark
- 4 EL Sherry

Zubereitung:

Den Knoblauch und die Zwiebel schälen. Beides hacken. Die Karotten waschen und in Stifte schneiden. Das Öl in einem Wok erhitzen. Die Karotten mit dem Knoblauch sowie der Zwiebel anbraten. Die Orange schälen und das Weiße entfernen. Das Fleisch in Streifen schneiden. Den Ingwer reiben. Den Ingwer mit dem Fleisch in den Wok geben und für 10 Minuten anbraten. Das Ganze mit dem Sherry ablöschen. Den Orangensaft mit dem Zucker, dem Tomatenmark sowie der Stärke mischen. Alles in den Wok geben und einkochen lassen. Die Orangenspalten hinzugeben und mit dem Koriander garnieren.

Putenfleisch mit Kokosmilch

Zutaten für 4 Portionen:

- 1 TL Gelbwurzelpulver/1 kg Putenfleisch
- 3 kleine Chilischoten/260 ml Kokosmilch
- ½ EL helle Sojasauce
- 2 Tassen Basmati-Reis/2 TL Ingwer
- 260 g Tomaten
- 3 EL Sesamöl
- 250 ml Wasser
- 1 Zitronengrasstängel
- 120 ml Limettensaft
- Tamarisauce

Zubereitung:

Das Fleisch würfeln und mit dem Limettensaft beträufeln. Den Knoblauch und die Chilischote hacken. Den Ingwer reiben. Den Knoblauch, das Gelbwurzelpulver, den Ingwer sowie die Chilischote mit dem Fleisch mischen und für 2 Stunden ziehen lassen. Die Tomaten hacken und mit dem Wasser mischen. In einem Wok das Öl erhitzen. Das Fleisch darin anbraten. Mit der Kokosmilch und den Tomaten ablöschen. Danach das Zitronengras hinzugeben und für 20-30 Minuten köcheln lassen. Den Reis nach Anleitung kochen. Das Fleisch mit Tamarisauce abschmecken und zusammen mit dem Reis anrichten.

Tofu-Bohnen-Wok

Zutaten für 3 Portionen:

- 2 EL Sesam
- 1 Prise Kurkuma
- 150 ml Gemüsebrühe
- 1 Prise Zimt
- 2 Knoblauchzehen
- 1 Prise Kreuzkümmel
- 1 Zwiebel
- 1 Prise Salz und Pfeffer
- 1 Schuss Öl
- 250 g geräucherter Tofu
- 300 g grüne Bohnen

Zubereitung:

Die Bohnen waschen und klein schneiden. Den Knoblauch und die Zwiebel schälen. Beides hacken. Das Öl in einem Wok erhitzen. Die Zwiebel und den Knoblauch anbraten. Den Tofu klein schneiden und mit in den Wok geben. Für 5 Minuten anbraten. Anschließend die Bohnen hinzugeben und mit Kreuzkümmel, Salz, Pfeffer, Zimt, Kurkuma und Muskat abschmecken. Zum Schluss die Brühe hinzugeben und köcheln lassen bis die Bohnen gar sind. Zum Servieren alles mit Sesam garnieren.

Süß-scharfe Nudeln mit Nüssen

Zutaten für 4 Portionen:

- 2 EL süße Chilisauce
- 40 g Cashew-Erdnuss-Mix
- 2 EL Rotweinessig/1 rote Paprikaschote
- 4 EL Sojasauce/1 gelbe Paprikaschote
- 1-2 EL Öl/1 Bund Lauchzwiebeln
- 350 g Schweineschnitzel
- 1 Knoblauchzehe
- Salz und Pfeffer
- 200 g japanische Weizennudeln

Zubereitung:

Die Nüsse hacken. Die Paprika entkernen, waschen und in Streifen schneiden. Die Lauchzwiebeln waschen und in Ringe schneiden. Den Knoblauch schälen und hacken. In Salzwasser die Nudeln nach Anleitung kochen. Das Fleisch in Streifen schneiden. In einem Wok Öl erhitzen. Die Paprika sowie das Fleisch darin anbraten. Danach den Knoblauch hinzugeben und mit dem Essig sowie 4 EL Sojasauce ablöschen. Die fertigen Nudeln abschütten und mit den Lauchzwiebeln in den Wok geben. Alles miteinander vermischen und mit der Chilisauce sowie dem Pfeffer abschmecken. Zum Servieren die Nudeln mit den Nüssen garnieren.

Schnelles gebratenes Gemüse mit Pute

Zutaten für 4 Portionen:

- 7 EL Sojasauce
- 200 g Sojasprossen
- 75 g gesalzene und geröstete Erdnuss-kerne
- 300 g Möhren
- Salz und Pfeffer/1 Bund Lauchzwiebeln
- 4 EL Öl/10 g Ingwer
- 500 g Putenschnitzel/1 Knoblauchzehe
- 150 g Shiitakepilze

Zubereitung:

Die Sprossen waschen. Die Möhren sowie die Lauchzwiebeln schälen und klein schneiden. Den Knoblauch sowie den Ingwer schälen und hacken. Die Pilze waschen und die Stiele entfernen. Das Fleisch waschen und in Streifen schneiden. In einem Wok 2 EL Öl erhitzen. Das Fleisch darin anbraten und mit Salz sowie Pfeffer würzen. Danach das Fleisch aus dem Wok entfernen. Die Zwiebeln, den Knoblauch, die Möhren, den Ingwer und die Pilze in dem Wok mit 2 EL Öl anbraten. Anschließend das Fleisch, die Nüsse und die Sprossen hinzugeben und mischen. Mit 3 EL Wasser und der Sojasauce ablöschen. Alles aufkochen lassen und vor dem Servieren abschmecken.

Gebratener Chicorée mit Pilzen

Zutaten für 4 Portionen:
1 TL flüssiger Honig
50 g gefrorene Edamame-Kerne
3 EL trockener Sherry
1 Kolben Chicorée/2 EL Sojasauce
150 g Zuckerschoten/2 EL Sesamöl
2 rote Zwiebeln
1 EL Sesamsaat
100 g Shiitake-Pilze
2 Knoblauchzehen
50 g frischer Ingwer

Zubereitung:
Die Edamame in Wasser auftauen lassen. Den Chicorée waschen und vierteln. Die Zuckerschoten waschen. Die Zwiebeln schälen und in Streifen schneiden. Die Pilze waschen und halbieren. Den Knoblauch sowie den Ingwer schälen und hacken. In einer Pfanne ohne Fett den Sesam rösten und herausnehmen. Die Edamame abtropfen lassen. In einem Wok das Öl erhitzen. Den Chicorée darin anbraten und herausnehmen. Den Ingwer, den Knoblauch, die Edamame sowie die Zuckerschoten und die Pilze in den Wok geben und anbraten. Danach den Chicorée hinzugeben und mit dem Honig, der Sojasauce sowie dem Sherry ablöschen. Alles köcheln lassen und vor dem Servieren mit dem Sesam bestreuen.

Spargel mit Tofu und Bohnen

Zutaten für 2 Portionen:

- 2 EL Austernsauce
- 8-10 getrocknete Mu-Err-Pilze
- 2 EL helle Sojasauce
- 1-2 EL gesalzene, fermentierte schwarze Bohnen
- 150 ml Geflügelfond
- 500 g grüner Spargel
- 2 EL chinesischer Kochwein
- 2-3 Lauchzwiebeln
- 2 EL Öl
- Zucker
- 1 Knoblauchzehe
- 200 g fester Tofu
- 1-2 rote Chilischoten
- 20 g Ingwer
- Röstzwiebeln
- Korianderstiele

Zubereitung:

Wasser erhitzen und die Pilze für 10 Minuten einweichen. Danach abtropfen lassen. Die Bohnen waschen. Den Spargel waschen und die Enden entfernen. Den Spargel klein schneiden. Die Lauchzwiebeln waschen und ebenfalls klein schneiden. Den Knoblauch schälen und hacken. Die Chilischote entkernen, waschen und hacken. Den Ingwer schälen und in Stifte schneiden. Den Tofu würfeln. In einem Wok 1 EL Öl erhitzen.

Darin den Tofu anbraten und herausnehmen. In demselben Wok 2 EL Öl erhitzen. Die Chilischote, den Knoblauch und die Hälfte des Ingwers anschwitzen. Danach den Spargel, die Lauchzwiebeln, die restliche Chilischote, die Pilze sowie den Tofu hinzugeben. Alles anbraten und 1 ½ EL Zucker hinzugeben. Anschließend mit dem Kochwein ablöschen. Die Bohnen, die Austernsauce, den Gemüsefond sowie die Sojasauce hinzugeben und einkochen lassen. Mit dem Zucker und der Sojasauce nochmals abschmecken. Vor dem Servieren mit den Korianderblättern, dem restlichen Ingwer und den Röstzwiebeln garnieren.

Hühnchen mit Hoi-Sin-Sauce

Zutaten für 4 Portionen:

- Daikon-Krcssc/650 g Hähnchenbrustfilet
- Zucker/1 Eiweiß
- 50 ml Hühnerbrühe/1 EL Reiswein
- 2 EL Reisessig/50 ml Reiswein
- 2 EL Speisestärke/2 EL Erdnussöl
- Salz und Pfeffer/2 Knoblauchzehen
- 25 g Erdnusskerne
- 1 Bund Lauchzwiebeln

Zubereitung:

Das Hähnchenfleisch würfeln. Das Eiweiß verquirlen und die Stärke sowie 1 EL Reiswein unterheben. Das Eiweiß mit Salz und Pfeffer würzen. Das Hähnchen in dem Eiweiß für 15-20 Minuten ziehen lassen. In einer Pfanne ohne Fett die Erdnusskerne rösten und zur Seite stellen. Die Lauchzwiebeln waschen und in Streifen schneiden. Den Knoblauch schälen und in Scheiben schneiden. In einem Wok Öl erhitzen. Das Fleisch darin anbraten. Danach den Knoblauch und von den Lauchzwiebeln das Weiße hinzugeben. Mit dem Reiswein sowie der Brühe und dem Essig ablöschen. Alles aufkochen und für 2 Minuten köcheln lassen. Die restlichen Lauchzwiebeln und die Erdnüsse untermischen. Alles mit Salz, Pfeffer und Zucker abschmecken. Vor dem Servieren mit der Kresse bestreuen.

Scharfes Hackfleisch mit Asia-Gemüse

Zutaten für 4 Portionen:

- 3-4 EL Sojasauce
- 250 g Basmati-Reis
- 8-10 E Chilisauce
- Salz und Pfeffer
- 550 gefrorenes Asia-Gemüse
- 3 EL Öl
- 1 TL Chiliflocken

Zubereitung:

Salzwasser aufkochen und den Reis darin nach Anweisung zubereiten. In einem Wok das Öl erhitzen. Das Hackfleisch darin anbraten und mit Salz, Pfeffer und Chili abschmecken. Das Gemüse hinzugeben und erhitzen. Anschließend die 3-4 EL Chilisauce untermischen. Das Hackfleisch mit der Sojasauce abschmecken. Den Reis abschütten und mit dem Gemüse-Hackfleisch anrichten. Darüber einige Chiliflocken streuen.

Steak mit Kokossauce und Pilzen

Zutaten für 4 Portionen:

- Salz und Pfeffer
- 400 g Hüftsteak
- 150 ml Kokosmilch/20 g getrocknete Mu-Err-Pilze
- 1 EL Currypulver/1 Möhre
- 2 EL Öl/150 g Zuckerschoten
- 1 rote Paprikaschote
- 100 g Sojasprossen

Zubereitung:

Das Fleisch in Streifen schneiden. Wasser erhitzen und die Pilze darin quellen lassen. Die Möhren schälen. Die Zuckerschoten waschen und mit den Möhren klein schneiden. Die Sprossen waschen. Die Paprika entkernen, waschen und in Würfel schneiden. In einem Wok Öl erhitzen. Das Fleisch darin anbraten und herausnehmen. In demselben Wok das Gemüse anbraten und mit Curry würzen. Das Gemüse mit der Kokosmilch ablöschen und bei geschlossenem Deckel für 5 Minuten köcheln lassen. Das Gemüse mit Salz und Pfeffer abschmecken. Alles auf Tellern anrichten und servieren.

Gebratene Nudeln mit buntem Gemüse und Hähnchen

Zutaten für 4 Portionen:

- 100 ml Sojasauce/250 g grüne Bohnen
- 100 g Wok Nudeln/Salz
- 10-12 EL Öl/300 g Brokkoli
- 30-40 g Speisestärke/1 grüne Paprika-schote
- 1 Eiweiß/1 Kohlrabi
- 400-500 g Hähnchenfilets
- 4 Pak Choi/2 grüne Chilischoten
- 1 Ingwer
- 2 Knoblauchzehen

Zubereitung:

Die Bohnen waschen und klein schneiden. Salzwasser aufkochen und die Bohnen für 10 Minuten darin garen. Die Paprika, den Brokkoli, das Pak Choi und den Kohlrabi waschen. Den Brokkoli in Röschen teilen. Den Kohlrabi in Spalten schneiden. Das Pak Choi sowie die Paprika in Streifen schneiden. Den Knoblauch und den Ingwer schälen. Den Ingwer reiben und den Knoblauch hacken. Die Chilischote entkernen, waschen und in Streifen schneiden. Das Fleisch waschen und in Scheiben schneiden. Das Eiweiß verquirlen. Salz sowie Stärke mischen. Das Fleisch in dem Eiweiß und anschließend in der Stärke wenden. In einem Wok 2-3 EL Öl erhitzen. Das Fleisch portionsweise darin anbraten und wieder herausnehmen. Danach 2 EL Öl erhitzen und den Brokkoli sowie die Paprika anbraten. Beides aus dem Wok nehmen. Wieder 2 EL Öl erhitzen und den Kohlrabi anbraten. Danach das Pak Choi hinzugeben und mitbraten. Alles aus dem Wok entfernen. Die Nudeln nach Anleitung kochen. Wieder 2 EL Öl in dem Wok erhitzen und den Ingwer mit dem Knoblauch und der Chili dünsten. Das Fleisch, die Sojasauce sowie das Gemüse hinzugeben und alles erhitzen. Zum Schluss die Nudeln untermischen und alles anrichten.

Gemischtes Gemüse mit gebratenem Tofu

Zutaten für 4 Portionen:

- Salz und Pfeffer
- 800 g gemischtes Gemüse
- Sesamkörner
- 2 Chilischoten
- 500 g geräucherter Tofu
- 2 TL Sesamöl
- 4 EL Pflanzenöl
- 1 TL Ahornsirup
- 1 TL Ingwer
- 3 EL Sojasauce
- 1 TL Knoblauch

Zubereitung:

Das Gemüse waschen und in Streifen schneiden. Den Tofu würfeln. Einen Wok erhitzen und das Öl hineingeben. Anschließend den Tofu darin anbraten. Danach das Gemüse sowie die Chilischote hinzufügen und mitbraten. Den Ingwer sowie den Knoblauch schälen und hacken. Beides mit der Sojasauce und dem Ahornsirup unterheben und kurz mitbraten. Zum Schluss alles mit Salz, Sesamöl und Pfeffer abschmecken. Zum Servieren mit den Sesamkörnern garnieren.

Gebratene Nudeln mit Sprossen und Erbsen

Zutaten für 2 Portionen:

- 3 EL Pflanzenöl
- 250 g asiatische Bratnudeln/1 TL Austernsauce
- 1 Ingwer/10 EL Sojasauce/1 Zwiebel
- ½ Bund Schnittlauch/1 Karotte
- 4 Stangen Jungzwiebeln/100 g Brokkoli
- 100 g Bambussprossen/100 g Erbsen
- 100 g Sojasprossen

Zubereitung:

Die Karotte sowie die Zwiebel schälen und würfeln. Den Brokkoli in Röschen teilen. Die Zuckerschoten halbieren. Die Jungzwiebel und den Schnittlauch in Ringe schneiden. Den Knoblauch und den Ingwer schälen. Den Ingwer reiben und den Knoblauch würfeln. Die Nudeln nach Anweisung kochen. In einem Wok 3 EL Öl erhitzen. Den Knoblauch sowie die Zwiebeln anbraten. Danach die fertigen Nudeln hinzugeben. Anschließend die Zuckerschoten und den Brokkoli untermischen. Alles für weitere 3 Minuten braten. Danach die Sprossen und die Jungzwiebeln hinzugeben. Alles nochmals braten. Den Knoblauch, den Ingwer, die Austernsauce und die Sojasauce untermischen. Mit dem Koriander und dem Schnittlauch garnieren.

Crispy Chicken mit Gemüse

Zutaten für 4 Portionen:

- Salz und Pfeffer/600 g Hühnerbrust
- 3 EL Erdnüsse/1 Spitzpaprika
- 3 EL Suppe/3 Frühlingszwiebeln
- Sojasauce
- 500 g tiefgekühltes Wok-Gemüse
- ½ Dose Gemüsemais
- Mehl
- Sonnenblumenöl

Zubereitung:

Die Paprika entkernen, waschen und in Streifen schneiden. Die Frühlingszwiebeln in Streifen schneiden. Das Fleisch würfeln und mit Salz, Pfeffer und Mehl bestäuben. Etwas Öl in einem Wok erhitzen und das Fleisch anbraten. Danach in Alufolie wickeln und warmhalten. Wieder Öl im Wok erhitzen und die Paprika sowie die Frühlingszwiebeln anschwitzen. Das Wok-Gemüse hinzugeben und rösten. Danach die Maiskörner abtropfen lassen und ebenfalls hinzugeben. Alles mit der Sojasauce und der Suppe abschmecken. Das Fleisch hinzugeben und mit den Erdnüssen untermischen. Alles anrichten und servieren.

Pilz-Curry mit Kokosmilch

Zutaten für 4 Portionen:

- ½ Bund Petersilie
- 1 EL getrocknete Mu-Err-Pilze
- 1 TL Speisestärke/3 Möhren
- 2 TL Instant-Gemüsebrühe
- 1 Bund Lauchzwiebeln/150 g gefrorene Erbsen
- 1-2 Knoblauchzehen/6-8 EL ungesüßte Kokosmilch
- 500 g Champignons/2 TL Curry
- 250 g Shiitake-Pilze/1 Prise Zucker
- 2-3 EL Öl/Salz und Pfeffer

Zubereitung:

Die Mu-Err-Pilze waschen. ¼ l Wasser aufkochen und die Pilze darin für 30 Minuten quellen lassen. Die Möhren schälen und in Stifte schneiden. Die Lauchzwiebeln waschen und klein schneiden. Den Knoblauch schäle und hacken. Die Champignons waschen und halbieren. Die Shiitake-Pilze waschen und einritzen. In einem Wok Öl erhitzen. Die Pilze portionsweise anbraten. Das Ganze mit Salz und Pfeffer würzen. Die Mu-Err-Pilze abtropfen lassen und waschen. Danach klein schneiden und mit den Möhren, den Zwiebeln und dem Knoblauch vermischen. Alles anbraten und nochmals mit Salz sowie Pfeffer würzen. Darüber das Curry streuen und mit 200 ml Wasser sowie der Kokosmilch ablöschen. Die restlichen Pilze sowie die Erbsen hinzugeben und alles aufkochen lassen. Die Brühe einrühren und für 4-5 Minuten köcheln lassen. Die Stärke mit 1-2 EL Wasser verrühren. Das Ganze in den Wok einrühren und nochmals abschmecken. Die Petersilie waschen und hacken. Die Petersilie damit garnieren.

Steak mit Kokos-Gemüse

Zutaten für 4 Portionen:

- 165 ml Kokosmilch
- 20 g getrocknete Pilze
- Salz und Pfeffer
- 160 g asiatische Eiernudeln
- Curry
- 2 Möhren
- 2 EL Öl
- 150 g Zuckerschoten
- 500 g Hüftsteak
- 1 rote Paprikaschote

Zubereitung:

Wasser aufkochen. Die Nudeln und die getrockneten Pilze separat übergießen und für 5 Minuten quellen lassen. Das Gemüse waschen und schälen. Danach das gesamte Gemüse klein schneiden. Das Fleisch in Streifen schneiden. In einem Wok Öl erhitzen. Darin das Fleisch anbraten und wieder aus dem Wok nehmen. Die Pilze abtropfen lassen und zusammen mit dem Gemüse in demselben Wok für 8 Minuten anbraten lassen. Danach die Nudeln hinzugeben und 3-4 Minuten mitbraten. Mit dem Curry abschmecken. Mit der Kokosmilch ablöschen und alles aufkochen lassen. Den Wok zudecken und für 3-5 Minuten köcheln lassen. Vor dem Servieren nochmals mit Salz und Pfeffer abschmecken.

Gemüse chinesische Art

Zutaten für 4 Portionen:

- Basilikum
- 250 g Eier-Auberginen/75 g Cashewkerne
- Salz/3 EL Sojaöl
- 125 g kleine, frische Maiskolben
- ½ TL Sambal Oelek
- 200 g Okraschoten/4 EL Sojasauce
- 1-2 EL Weißweinessig/½ l klare instant Hühnerbouillon
- 1 Staude Pak Choi/2 Knoblauchzehen
- 150 g Shiitake-Pilze

Zubereitung:

Die Auberginen waschen und in Scheiben schneiden. Danach mit Salz würzen. Die Okraschoten und die Maiskolben waschen. Salzwasser aufkochen und den Mais darin für 5 Minuten garen. Danach aus dem Wasser nehmen. Essig in das Wasser rühren und die Okraschoten für 5 Minuten darin kochen. Das Pak Choi waschen und in Streifen schneiden. Die Pilze waschen und einschneiden. Den Knoblauch pressen. Die Sojasauce mit der Hühnersuppe, dem Knoblauch und dem Sambal Oelek mischen. Die Auberginen trocknen. In einem Wok Öl erhitzen. Die Auberginenscheiben darin portionsweisen anbraten. Danach die Pilze und die Cashewkerne anbraten. Die Okraschoten halbieren und mit dem

Mais in den Wok geben. Alles anbraten. Anschließend das Pak Soi hinzugeben und braten. Mit der Hühnersuppe alles ablöschen und schmoren lassen. Mit Basilikum garnieren.

Geschnetzeltes süß-sauer

Zutaten für 4 Portionen:

- 3 EL brauner Zucker
- 400 g Schweineschnitzel
- 3 EL Weißweinessig
- 5 EL Sojasauce
- 3 EL Thai Chili-Sauce
- 1 Eiweiß
- 2 EL trockener Sherry
- Salz
- 1 Bund Lauchzwiebeln
- 35 g Speisestärke
- 1 Dose Ananas in Scheiben
- 200 g Basmati Duftreis
- 500 g Möhren
- 3 rote Paprikaschoten
- Chilischoten
- 3 EL Öl
- Asiatischer Schnittlauch
- Koriander

Zubereitung:

Das Fleisch würfeln. Eiweiß mit 2 EL Sojasauce, 1 TL Salz und 30 g Speisestärke mischen. Das Fleisch mit der Marinade mischen und im Kühlschrank für 30 Minuten marinieren. Salzwasser aufkochen und den Reis bei geringer Hitze für 15 Minuten garen. Die Paprika entkernen, waschen und in Streifen schneiden. Die Möhren schälen und in Streifen schneiden. Die Ananas abtropfen lassen. Dabei den Saft auffangen. Die Ananasscheiben würfeln. Die Lauchzwiebel waschen und in Stücke schneiden. 5 EL Wasser mit der restlichen Speisestärke mischen. Den Sherry mit der Thai-Chili-Sauce, der restlichen Sojasauce, Salz, Ananassaft, Essig und Zucker mischen. In einem Wok 2 EL Öl erhitzen und das Fleisch anbraten. Danach herausnehmen und abtropfen lassen. Das restliche Öl in dem Wok erhitzen. Die Lauchzwiebeln, die Paprika und die Möhren anbraten. Die Sauce nochmals verrühren und das Gemüse damit ablöschen. Alles aufkochen lassen. Dabei ständig verrühren. Die Ananas hinzugeben und garen. Zum Schluss das Fleisch hinzugeben und nochmals erhitzen. Das Ganze mit dem Reis anrichten und dem Koriander, der Chilischote und dem Schnittlauch garnieren.

Grünes Curry mit Nudeln

Zutaten für 4 Portionen:

- 50 ml Limettensaft/2 EL geschälte Sesamsaat
- 1 Dose cremige Kokosmilch/500 g grüne Bohnen
- 2 TL grüne Curry-Paste/500 g Brokkoli
- 3-4 TL Sambal Oelek/200 g Pak Choi
- 3-4 EL Öl/2 Knoblauchzehen
- Salz und Pfeffer/1 Ingwerwurzel (1 cm)
- 250 g instant Eier-Mie-Nudeln
- Limettenschnitze/4-5 EL Sojasauce
- 1-2 EL Sesamöl/1 Bund Koriandergrün

Zubereitung:

In einer Pfanne ohne Fett den Sesam rösten und herausnehmen. Die Bohnen waschen und halbieren. Den Brokkoli waschen und in Röschen teilen. Das Pak Choi waschen und die Blätter in Streifen schneiden. Den Knoblauch schälen und hacken. Den Ingwer schälen und reiben. Salzwasser aufkochen und die Nudeln nach Anweisung zubereiten. Danach abschütten. in einem Wok Öl erhitzen. Den Brokkoli und die Bohnen anbraten. Danach das Pak Choi, den Ingwer und den Knoblauch hinzugeben. Mit der Currypaste und dem Sambal Oelek mischen. Das Ganze mit dem Limettensaft, der Kokosmilch und der Sojasauce ablöschen. Alles aufkochen und für 2

Minuten köcheln lassen. Mit Salz und Pfeffer abschmecken. Den Koriander waschen und die Blätter abzupfen. Die Nudeln untermischen und erhitzen. Danach den Koriander unterheben und mit dem Sesamöl abschmecken. Vor dem Servieren mit Sesam und Limettenschnitzen garnieren.

Gebratener Kohl mit Mie-Nudeln

Zutaten für 2 Portionen:

- 2 EL geröstete Sesamsaat
- 250 g Rosenkohl/200 ml asiatische Chilisauce
- ½ Kopf Weißkohl
- 125 ml helle Chilisauce
- 250 g Shiitake-Pilze
- 250 g instant Mie-Nudeln
- 350 g Hokkaido-Kürbis/4 EL Öl
- 1 Bund Lauchzwiebeln

Zubereitung:

Den Rosenkohl waschen und halbieren. Den Kohl waschen und in Streifen schneiden. Die Pilze waschen und halbieren. Den Kürbis halbieren und entkernen. Das Fruchtfleisch würfeln. Die Lauchzwiebeln waschen und in Streifen schneiden. In einem Wok 2 EL Öl erhitzen. Den Weißkohl anbraten und wieder herausnehmen. Wieder 2 EL Öl erhitzen und den Rosenkohl sowie den Kürbis anbraten. Die Pilze und die Lauchzwiebeln untermischen und mit braten. Wasser aufkochen und die Nudeln für 4 Minuten ziehen lassen. Den Weißkohl mit der Chilisauce und der Sojasauce in den Wok geben und garen. Die Nudeln auflockern und abschütten. Die Nudeln zusammen mit dem Gemüse anrichten. Zum Servieren mit dem Sesam garnieren.

Bohnen mit Rindfleisch

Zutaten für 4 Portionen:

- Pfeffer
- 500 g Hüftsteak/1 Zwiebel
- 2 cm Ingwer/250 g Zuckerschoten
- 100 ml Sojasauce
- 250 g grüne Bohnen
- 3 EL Sesamöl
- 2 EL geschälte Sesamsaat

Zubereitung:

Das Fleisch in Streifen schneiden. Den Ingwer schälen und reiben. Das Fleisch mit 2 EL Öl, Ingwer und der Sojasauce mischen. Danach für 30 Minuten im Kühlschrank marinieren. In einer Pfanne ohne Fett den Sesam rösten. Die Zuckerschoten und die Bohnen waschen. Salzwasser aufkochen und die Bohnen für 8 Minuten garen. Die Zuckerschoten nach 6 Minuten hinzugeben. Danach abschrecken. Das Fleisch aus der Marinade nehmen. Die Zwiebel schälen und in Streifen schneiden. In einem Wok 1 EL Öl erhitzen. Das Gemüse mit der Zwiebel anbraten. Danach das Fleisch hinzugeben und mit braten. Mit der Marinade ablöschen und alles aufkochen lassen. Das Ganze mit Pfeffer abschmecken. Vor dem Servieren mit dem Sesam garnieren.

Geschnetzeltes in Erdnusssauce

Zutaten für 4 Portionen:

- Limettensaft/200 g Basmatireis
- 5 Korianderstiele/Salz und Pfeffer
- 50 g gesalzene und geröstete Erdnusskerne
- 1 rote Paprikaschote/20 g Erdnussbutter
- 1 gelbe Paprikaschote/1 Dose Kokosmilch
- 1 grüne Paprikaschote/2-3 EL Sesamöl

Zubereitung:

Salzwasser kochen und den Reis darin nach Anweisung zubereiten. Die Paprika in Streifen schneiden. Das Fleisch in Streifen schneiden. In einem Wok 1-2 EL Öl erhitzen. Darin das Fleisch anbraten und mit Salz sowie Pfeffer würzen. Danach das Fleisch aus dem Wok nehmen und diesen auswischen. In dem Wok nun 1 EL Öl erhitzen und die Paprika anbraten. Mit Kokosmilch ablöschen und die Erdnussbutter einrühren. Alles 4 Minuten köcheln lassen. Die Erdnüsse hacken. Den Koriander waschen und die Blätter hacken. Den Reis ablöschen. Die Temperatur des Woks reduzieren und das Fleisch sowie die Hälfte des Korianders hinzugeben. Alles garen lassen und mit Limettensaft, Salz und Pfeffer abschmecken. Danach anrichten und mit dem Reis servieren. Mit den Erdnüssen garnieren.

Geflügelschnitzel mit Sesam, Gemüse und Reis

Zutaten für 4 Portionen:

- 50 g Mehl
- 1 Zucchini/1 Ei
- 250 g Romanesco/80 g Paniermehl
- Salz und Pfeffer/3 EL schwarze Sesamsaat
- ½ rote Paprikaschote/3 EL geschälte weiße Sesamsaat
- ½ gelbe Paprikaschote/4 Hähnchenfilets
- 100 g Zuckerschoten/100 ml Asia Chilisauce
- 1 Chilischote/60 ml helle Sojasauce
- 3 Lauchzwiebeln
- 5 EL Öl
- 200 g Basmatireis

Zubereitung:

Die Zucchini waschen, in der Länge halbieren und in Scheiben schneiden. Die Romanesco-Röschen waschen. Salzwasser aufkochen und den Romanesco für 4 Minuten blanchieren. Danach abschrecken. Die Paprika waschen, entkernen und klein schneiden. Die Zuckerschoten waschen und in der Länge halbieren. Die Chilischote waschen, entkernen und klein schneiden. Die Lauchzwiebeln waschen und in Ringe schneiden. Salzwasser aufkochen und den Reis darin nach Anweisung zubereiten. In einem Wok

1 EL Öl erhitzen. Die Paprika darin anbraten. Danach die Zuckerschoten, die Zucchini sowie den Romanesco hinzugeben. Alles anbraten und die Chilischote unterheben. Das Ganze mit der Chilisauce und der Sojasauce ablöschen. Alles aufkochen lassen und mit Pfeffer würzen. Das Fleisch halbieren. Den Sesam mit dem Paniermehl mischen. Das Ei verquirlen. Mehl in eine extra Schale geben. Das Fleisch mit Salz sowie Pfeffer würzen. Danach das Fleisch in dem Mehl, anschließend in dem Ei und zum Schluss in dem Sesam wenden. Das Fleisch unter wenden portionsweise mit 4 EL Öl anbraten. Danach das Fleisch in Scheiben schneiden und mit dem Gemüse sowie dem Reis anrichten.

Steak mit Mais und Pak Choi

Zutaten für 4 Portionen:

- 3 EL Sojasauce/6 Pak Choi
- 2 EL Reiswein
- 1 Pck. Minimaiskolben/Salz und Pfeffer
- 1 rote Chilischote
- 2 EL Öl/3 Rindhüftsteaks

Zubereitung:

Pak Choi waschen und klein schneiden. Den Mais waschen und in der Länge halbieren. Den Chili entkernen, waschen und in Ringe schneiden. Das Fleisch in Streifen schneiden. In einem Wok Öl erhitzen. Das Fleisch darin anbraten und mit Salz sowie Pfeffer würzen. Danach das Fleisch aus dem Wok nehmen. In dem Fett den Mais anbraten. Danach das Pak Choi hinzugeben und für weitere 2 Minuten braten. Die Chilischote mit dem Reiswein, 4 EL Wasser und der Sojasauce mischen. Das Ganze in den Wok geben und das Fleisch hinzufügen. Alles aufkochen lassen und mit Salz abschmecken.

Nudeln mit Erdnüssen Tofu und Gemüse

Zutaten für 4 Portionen:

- Koriandergrün
- 40 g ungesalzene Erdnusskerne
- Salz und Pfeffer/200 g Räuchertofu
- 150 ml süß-saure Chilisauce
- 1-2 Knoblauchzehen
- 50 ml Sojasauce
- 200 g japanische gedrehte Weizenmehlnudeln
- 1 Pck. Wok-Mix aus 10 Gemüsesorten
- 2 EL Öl

Zubereitung:

In einer Pfanne ohne Fett die Erdnüsse rösten. Den Tofu klein schneiden. Den Knoblauch schälen und würfeln. Salzwasser aufkochen und die Nudeln nach Anweisung zubereiten. In einem Wok das Öl erhitzen. Den Tofu darin anbraten. Danach den Knoblauch hinzugeben und dünsten. Das Gemüse hinzugeben und für 8 Minuten garen. Die fertigen Nudeln abschrecken und zu dem Gemüse geben. Alles mischen und für 2-3 Minuten braten. Das Ganze mit der Chilisauce und der Sojasauce ablöschen. Mit Salz und Pfeffer würzen. Zum Schluss die Erdnüsse unterheben und vor dem Servieren mit dem Koriandergrün bestreuen.

Koteletts mit Cashewnüssen und Möhren

Zutaten für 4 Portionen:

- 2 EL Sojasauce
- 4 Knoblauchzehen72 EL Austernsauce
- 3-4 rote Chilischoten/2 EL Öl
- 2 Möhren73 EL Cashewkerne
- 200 g Zuckerschoten/2 EL Maisstärke
- 3 ausgelöste Schweinekoteletts
- Salz und Pfeffer

Zubereitung:

Den Knoblauch schälen und hacken. Die Chilischote entkernen, waschen und hacken. Die Möhren schälen und in Scheiben schneiden. Die Zuckerschoten waschen. Das Fleisch in Stücke schneiden und mit Salz sowie Pfeffer würzen. Danach von allen Seiten mit der Stärke bestäuben. In einem Wok die Nüsse rösten und wieder herausnehmen. Danach das Öl im Wok erhitzen und das Fleisch anbraten. Anschließend den Knoblauch, das Gemüse sowie die Chilischote unterheben. Das Ganze mit der Sojasauce, der Austernsauce sowie 2 EL Wasser ablöschen. Alles nochmals 1-2 Minuten garen und mit Salz abschmecken. Zum Schluss die Cashewkerne darüber geben.

Schwarze Bohnen mit Hähnchen und Paprika

Zutaten für 4 Portionen:

- 1 EL Austernsauce
- 1 Zwiebel
- 2 EL chinesischer Reiswein
- 2 Knoblauchzehen
- 4 EL Öl
- 20 g Ingwer
- 2-3 EL Speisestärke
- 2 rote Chilischoten
- Salz und Pfeffer
- 2 grüne Paprikaschoten
- 400 g Hähnchenfilet
- 1 Lauchzwiebel
- 2 EL gesalzene schwarze Bohnen
- ½ TL geröstetes Sesamöl
- 80 ml Hühnerbrühe
- Brauner Zucker

Zubereitung:

Den Knoblauch, die Zwiebel und den Ingwer schälen. Alles würfeln. Die Chilischote waschen und in Ringe schneiden. Die Paprika entkernen, waschen und klein schneiden. Die Lauchzwiebel waschen und in Ringe schneiden. Die Bohnen abtropfen lassen. Das Fleisch klein schneiden und mit Salz sowie Pfeffer würzen. Anschließend das Fleisch in Stärke wenden. In einem

Wok 2 EL Öl erhitzen. Das Fleisch portionsweise darin anbraten und wieder aus dem Wok nehmen. Anschließend die Bohnen, die Zwiebel, die Chili, den Knoblauch und den Ingwer anbraten. Die Paprika hinzugeben. Mit der Austernsauce, der Brühe und dem Reiswein ablöschen. Danach das Sesamöl und 1 TL Zucker unterrühren. Das Ganze andicken lassen. Anschließend das Fleisch und die Lauchzwiebeln hinzugeben und erhitzen.

Pute mit Sprossen

Zutaten für 4 Portionen:

- 5-6 EL Sojasauce/50 g ungesalzene Erdnusskerne
- 6 Korianderstiele/1 Dose Bambusschösslinge
- Salz und Pfeffer/300 g Möhren
- 3-4 EL Öl/1 Bund Lauchzwiebeln
- 500 g Putenschnitzel/1 walnussgroßes Stück Ingwer
- 250 g Sojabohnenkeimlinge/1 Knoblauchzehe
- 150 g Shiitake-Pilze/1 TL Sambal Oelek

Zubereitung:

In einem Wok ohne Fett die Erdnüsse rösten. Danach aus dem Wok nehmen. Die Bambusschösslinge abtropfen lassen. Die Möhren schälen und in Scheiben schneiden. Die Lauchzwiebeln waschen und in Ringe schneiden. Den Knoblauch und den Ingwer schälen und beides hacken. Die Pilze waschen und einschneiden. Die Keimlinge waschen. Das Fleisch in Streifen schneiden. In einem Wok 1-2 EL Öl erhitzen. Das Fleisch anbraten und mit Salz sowie Pfeffer würzen. Anschließend das Fleisch aus dem Wok nehmen. Danach 2 EL Öl darin erhitzen. Den Bambus, die Möhren, die Keimlinge, den Ingwer, die Pilze, die Lauchzwiebeln und den Knoblauch darin anbraten. Den Koriander waschen und die Blätter abzupfen. Danach das Fleisch sowie die Erdnüsse hinzugeben. Alles mit der Sojasauce sowie dem Sambal Oelek abschmecken und köcheln lassen. Zum Servieren den Koriander darüber streuen.

Bohnen mit Hähnchen und Zitronengras

Zutaten für 4 Portionen:

- Chiliflocken/400 g Schneidebohnen
- 100 ml Chilisauce/250 g Basmatireis
- Salz und Pfeffer
- 70 g Mungobohnensprossen
- 350 g Möhren/2-3 EL Öl
- ½ Stiele Zitronengras
- 100 g Cashewkerne
- ½ Topf Koriander
- 300 g Hähnchenfilet

Zubereitung:

Die Bohnen waschen und klein schneiden. Salzwasser aufkochen und die Bohnen für 4 Minuten blanchieren. Anschließend abschrecken. In einem separaten Topf Salzwasser aufkochen und den Reis darin nach Anweisung zubereiten. Die Möhren schälen und in Stifte schneiden. Das Zitronengras vierteln. Die Blätter vom Koriander klein schneiden. Das Fleisch würfeln. In einem Wok 2 EL Öl erhitzen. Die Cashewkerne darin rösten und aus dem Wok nehmen. Anschließend das Fleisch in dem Öl anbraten und wieder aus dem Wok nehmen. Die Möhren mit dem Zitronengras anbraten. Danach das Fleisch, die Sprossen, die Kerne sowie die Bohnen hinzugeben. Mit Salz und Pfeffer abschmecken. Mit 1-2 EL Wasser, Chilisauce und dem Koriander würzen.

Alles nochmals aufkochen lassen und vor dem Servieren mit Salz, Pfeffer und den Chiliflocken würzen.

Buntes Gemüse mit Ente

Zutaten für 4 Portionen:

- 4-6 EL Chinesische Chilisauce
- 2 Entenbrüste/4-6 EL Sojasauce
- 1-2 EL Öl/4 EL Sojaöl
- Salz und Pfeffer
- 1 walnussgroßes Stück Ingwer
- ½ Pck. Sojasprossen
- 250 g Champignons/500 g Möhren
- 1 Bund Lauchzwiebeln/4 Kohlrabi
- 2 rote Paprikaschoten

Zubereitung:

Die Entenbrust waschen und mit etwas Öl von allen Seiten anbraten. Danach mit Salz und Pfeffer würzen. Das Gemüse waschen. Die Möhren, die Paprika und die Kohlrabis in Stifte schneiden. Die Lauchzwiebeln in Stücke schneiden. Die Champignons blättrig schneiden. Das Fleisch in Scheiben schneiden. Den Ingwer schälen und würfeln. Danach einen Wok mit 1 EL Sojaöl einpinseln. Den Ingwer hinzugeben. Das Fleisch sowie etwas Gemüse unter Wenden dünsten. Mit Salz und Pfeffer abschmecken. Das restliche Öl mit dem restlichen Gemüse hinzugeben und anbraten. Alles mit der Chilisauce und der Sojasauce anrichten.

Fisch mit Erbsen

Zutaten für 4 Portionen:

- Cayenncpfeffer7500 g Schollenfilets
- 4 EL Sojaöl/1 Zitrone
- 4 EL Sojasauce/Salz
- 5-10 g Ingwer
- 500 g frische Erbsen
- 250 g Möhren
- 250 g Zucchini
- 1 Kohlrabi

Zubereitung:

Den Fisch waschen und in Streifen schneiden. Die Zitrone waschen und von einer Hälfte die Schale abreiben. Die Zitrone komplett auspressen. Den Fisch mit 3 EL Zitronensaft beträufeln. Danach mit Salz würzen und ruhen lassen. Die Erbsen aus den Hülsen lösen. Die Zucchini waschen und in Scheiben schneiden. Die Möhren sowie den Kohlrabi schälen. Die Möhren in Stifte schneiden. Den Kohlrabi würfeln. Den Ingwer schälen und hacken. Die Sojasauce mit dem restlichen Zitronensaft, dem Ingwer und dem Zitronenabrieb mischen. In einem Wok etwas Sojaöl erhitzen. Den Fisch abtropfen lassen und im Wok anbraten. Danach das Gemüse hinzueben und 5 Minuten dünsten. Alles mit der Sojasaucen-Mischung ablöschen. Danach Cayennepfeffer und etwas Salz hinzugeben.

Hähnchen mit Spargel und Sesam

Zutaten für 4 Portionen:

- Koriander/500 g grüner Spargel
- 2 EL geröstetes Sesamöl
- 2 Möhren/5-6 EL Sojasauce
- 200-250 g Zuckerschoten
- 1/8 l Reiswein/1 walnussgroßes Stück Ingwer
- Salz und Pfeffer/1 rote Chilischote
- 2-3 EL Öl/500 g Hähnchenfilets
- 3 EL Sesam

Zubereitung:

Den Spargel waschen und die Enden entfernen. Den restlichen Spargel klein schneiden. Die Möhren schälen und in Scheiben schneiden. Die Zuckerschoten waschen. Den Ingwer schälen und hacken. Die Chilischote entkernen, waschen und hacken. Das Fleisch würfeln. In einem Wok den Sesam ohne Fett rösten. Danach den Sesam herausnehmen. In demselben Wok 1 EL Öl erhitzen. Das Fleisch darin anbraten und mit Salz sowie Pfeffer würzen. Anschließend das Fleisch aus dem Wok nehmen. In dem Fett nochmals 1-2 EL Öl erhitzen. Die Möhren und den Spargel darin anbraten. Die Chilischote, den Ingwer und die Zuckerschoten hinzugeben. Alles mischen und weiterbraten. Mit der Sojasauce sowie dem Reiswein ablöschen und aufkochen lassen. Anschließend für 5 Minuten köcheln lassen. Das Fleisch hinzugeben und erhitzen. Alles abschmecken und anrichten. Zum Servieren mit dem Sesam, dem Koriander und etwas Sesamöl garnieren.

Fruchtcurry mit Reis und Putengeschnetzeltes

Zutaten für 4 Portionen:

- 1 EL Öl/700 g Putenfleisch
- Gemahlener Kreuzkümmel
- 250 g Basmatireis/Gemahlener Koriander
- 1 Chinakohl/Cashewkerne
- 2 Dosen Mango in Scheiben/2 EL Sojasauce
- ½ Dose Ananas in Scheiben
- 1 EL Curry/1 Dose Mandarinen-Orangen
- 1 Dose Pfirsiche mit Mark
- ½ Dose entkernte Litschis

Zubereitung:

Das Fleisch würfeln. Das Fleisch mit der Sojasauce mischen und für 30 Minuten ruhen lassen. Den Chinakohl waschen und klein schneiden. Die Mango, die Cashewkerne, die Pfirsiche sowie die Litschis klein schneiden. Das Pfirsichmark auffangen. Den Reis nach Anleitung kochen. In einem Wok Öl erhitzen. Das Fleisch darin anbraten und mit Kreuzkümmel, Koriander sowie Curry würzen. Anschließend die Cashewkerne und den Chinakohl hinzugeben, das Pfirsichmark unterrühren und mit dem Curry abschmecken. 5 Minuten garen lassen.

Paprika mit Steak in Erdnusssauce

Zutaten für 4 Portionen:

- 1-2 EL Limettensaft
- 200 g Basmatireis
- 4 Korianderstiele
- Salz und Pfeffer
- 3 Paprikaschoten
- 3 EL gesalzene und geröstete Erdnusskerne
- 600 g Rinderhüftsteak
- 2 EL Erdnussbutter/3 EL Öl
- 1 Dose ungesüßte Kokosmilch

Zubereitung:

Salzwasser aufkochen. Den Reis nach Anleitung darin zubereiten. Die Paprika entkernen und in Streifen schneiden. Das Fleisch in Streifen schneiden. In einem Wok 2 EL Öl erhitzen. Das Fleisch darin anbraten und mit Salz sowie Pfeffer würzen. Danach das Fleisch aus dem Wok nehmen und erneut 1 EL Öl darin erhitzen. Die Paprika anbraten und mit der Kokosmilch ablöschen. Danach die Erdnussbutter untermischen und alles 4 Minuten köcheln lassen. Die Erdnüsse hacken. Den Koriander waschen und hacken. Den Koriander mit dem Fleisch zu dem Gemüse geben und alles erhitzen. Zum Schluss mit Limettensaft, Salz und Pfeffer abschmecken. Mit den Erdnüssen garnieren.

Reis mit Mettwurst und Gemüse

Zutaten für 4 Portionen:

- 2 EL Röstzwiebeln
- 2 EL Öl
- 1 Beutel Express-Basmatireis
- 150 g Zwiebelmettwurst
- Salz und Pfeffer
- 1 Beutel TK-Gemüsemix Asiatische Küche
- 2 EL Sojasauce

Zubereitung:

Das Öl in einem Wok erhitzen. Darin das Mett für 4 Minuten anbraten. Anschließend aus dem Wok nehmen und in dem Bratfett das Gemüse garen. Mit Salz, Pfeffer und Sojasauce abschmecken. Nach 5 Minuten den Reis sowie das Mett hinzugeben und alles nochmals erhitzen. Das Ganze abschmecken und zum Servieren mit den Röstzwiebeln garnieren.

Weißkohl mit Bambus und Nussreis

Zutaten für 4 Portionen:

- 1 TL Sambal Oelek/1 Stange Lauch
- 5-6 EL Sojasauce/1 rote Paprikaschote
- 200 ml Orangensaft/½ Weißkohl
- Salz und Pfeffer/3-4 EL Öl
- 1 walnussgroßes Stück Ingwer
- 200 g Basmatireis/1 Zwiebel
- 60 g Cashewkerne/Koriander
- 1 Glas Bambusschösslinge in Streifen

Zubereitung:

Das Gemüse waschen. Den Lauch in Ringe schneiden. Den Weißkohl und die Paprika klein schneiden. Den Ingwer schälen und hacken. Die Zwiebel schälen und würfeln. Den Bambus abtropfen lassen. In einer Pfanne ohne Fett die Cashewkerne rösten und wieder herausnehmen. 500 ml Salzwasser aufkochen und den Reis bei geringer Hitze und geschlossenem Deckel für 20 Minuten garen. In einem Wok Öl erhitzen und das Gemüse anbraten. Das Ganze mit Salz und Pfeffer würzen. Anschließend den Ingwer und die Zwiebel hinzugeben. Den Bambus hinzufügen und mit dem Orangensaft und der Sojasauce ablöschen. Mit dem Sambal Oelek abschmecken. Die Cashewkerne hacken und mit dem Reis mischen. Alles nochmals abschmecken und zum Servieren mit dem Koriander garnieren.

Scharfer Kohl mit Reis und Orangen-saft

Zutaten für 4 Portionen:

- Koriander/250 g Lauch
- 6 EL Sojasauce/1 rote Paprikaschote
- 200 ml Orangensaft/½ Weißkohl
- 1-2 TL Sambal Oelek/25 g Ingwer
- 4 EL Sonnenblumenöl
- 60 g Cashewkerne
- 1 Glas Bambusschösslinge in Streifen
- 200 g Basmatireis/Salz

Zubereitung:

Den Lauch waschen und in Ringe schneiden. Die Paprika waschen und in Streifen schneiden. Den Weißkohl waschen und klein schneiden. Den Ingwer schälen und in Streifen schneiden. In einer Pfanne ohne Fett die Cashewkerne rösten. Salzwasser aufkochen und den Reis nach Anweisung kochen. Die Bambusschösslinge abtropfen lassen. In einem Wok Öl erhitzen. Das Gemüse portionsweise anbraten und aus dem Wok nehmen. Den Ingwer mit dem Sambal Oelek in demselben Wok anbraten. Mit dem Orangensaft ablöschen und aufkochen lassen. Danach mit der Sojasauce abschmecken. Das Gemüse hinzufügen und verrühren. Die Cashewkerne hacken und mit dem Reis mischen. Alles anrichten und mit Koriander bestreuen.

Eiernudeln mit Hähnchen und Gemüse

Zutaten für 4 Portionen:

- 1 Topf Koriandergrün/200 g asiatische Eiernudeln
- 2 EL Limettensaft/Salz
- 4-5 EL Sweet Chili Sauce
- 1 Zucchini/5-6 EL Sojasauce
- 250 g Möhren/5-6 EL Sonnenblumenöl
- 1 rote Paprikaschote
- 400-500 g Hähnchenfilets
- 250-300 g Brokkoli
- 1 rote Chilischote

Zubereitung:

Salzwasser aufkochen und die Nudeln für 4-5 Minuten darin kochen. Danach die Nudeln abschrecken. Die Möhren, die Zucchini, den Brokkoli sowie die Paprika waschen. Den Brokkoli in Röschen teilen. Das restliche Gemüse in Streifen schneiden. Die Chilischlote entkernen, waschen und in Ringe schneiden. Das Fleisch in Streifen schneiden. In einem Wok 2 EL Öl erhitzen und das Fleisch darin anbraten. Danach aus dem Wok nehmen und 3-4 EL Öl in den Wok geben. Das Gemüse darin anbraten. Mit dem Limettensaft, der Sweet Chili Sauce, der Sojasauce sowie der Chilischote ablöschen. Alles für 1-2 Minuten bei geschlossenem Deckel dünsten. Den Koriander waschen und die Blätter hacken. Die Nudeln, das

Fleisch und den Koriander mit dem Gemüse mischen und alles erhitzen. Zum Schluss mit der Sojasauce abschmecken.

Paprika mit Lamm und Chili

Zutaten für 4 Portionen:

- 300 g Magermilch-Joghurt
- 4 bunte Paprikaschoten
- 150 ml Chilisauce
- 1 Bund Lauchzwiebeln
- 2 EL Olivenöl
- 200 g ausgelöster Lammrücken
- Salz und Pfeffer
- 1 Stiel Salbei
- 2 EL Sesamöl
- 2 Petersilienstiele
- 2 Knoblauchzehen
- 1 Rosmarinstiel

Zubereitung:

Die Lauchzwiebel und die Paprikaschoten waschen und klein schneiden. Das Fleisch in Streifen schneiden. Die Kräuter waschen und zupfen. Den Knoblauch schälen und hacken. Einen Wok erhitzen. Darin den Knoblauch mit dem Sesamöl dünsten. Anschließend das Fleisch hinzugeben und braten. Mit Salz sowie Pfeffer würzen. Das Olivenöl hinzugeben und das Gemüse anbraten. Das Ganze mit den Kräutern sowie Salz würzen. Die Chilisauce untermischen und alles erhitzen. Mit dem Joghurt zusammen anrichten.

Hähnchen mit Gemüse und Nudeln in Chilisauce

Zutaten für 4 Portionen:

- 6 EL Chilisauce
- 500 g Möhren
- Salz und Pfeffer
- 500 g Brokkoli
- 300 g Gemüsebrühe
- 2 Hähnchenfilets
- 400 g Bandnudeln
- 1 TL Paprika edelsüß/3 EL Öl

Zubereitung:
Die Möhren schälen und in Scheiben schneiden. Den Brokkoli waschen und in Röschen teilen. Das Fleisch waschen und mit Salz sowie Pfeffer würzen. In einem Wok 1 EL Öl erhitzen. Das Fleisch darin anbraten. Salzwasser aufkochen und die Nudeln nach Anweisung zubereiten. Das Fleisch aus dem Wok nehmen und 2 EL Öl darin erneut erhitzen. Den Brokkoli dünsten und mit der Brühe ablöschen. Den Brokkoli darin 3-4 Minuten garen. Anschließend die Möhren hinzugeben und mit garen. Alles mit Salz und Pfeffer würzen. Die Nudeln abschütten und mit der Chilisauce zu dem Gemüse geben. Alles mischen und mit Salz sowie Pfeffer abschmecken. Das Hähnchen in Streifen schneiden und mit den Nudeln anrichten.

Hähnchen mit Erdnüssen

Zutaten für 4 Portionen:

- 2 EL geröstete und gesalzene Erdnusskerne
- Salz und Pfeffer
- 1 Bund Schnittlauch
- 3 Hähnchenfilets
- 3 EL Erdnussbutter
- 1 Zwiebel
- 3-5 EL Sojasauce
- 250 g Basmatireis
- 1 Dose Kokosmilch
- 2 EL Öl

Zubereitung:

500 ml Salzwasser aufkochen. Das Fleisch würfeln. Die Zwiebel schälen und in Streifen schneiden. Den Reis in dem Salzwasser nach Anweisung garen. In einem Wok Öl erhitzen und das Fleisch anbraten. Danach die Zwiebel hinzugeben und mitbraten. Alles mit Salz sowie Pfeffer würzen. Mit der Kokosmilch und 3 EL Sojasauce ablöschen. Alles aufkochen lassen und die Erdnussbutter untermischen. Das Ganze köcheln lassen und nochmals mit Pfeffer und Sojasauce abschmecken. Den Schnittlauch waschen und in Röllchen schneiden. Die Erdnüsse hacken. Alles zusammen anrichten und mit dem Schnittlauch sowie den Erdnüssen garnieren.

Gelbes Gemüse mit Hähnchen und Sojasauce

Zutaten für 3 Portionen:

- Chilischoten/1 Zwiebel
- 6 Petersilienstiele/1-2 Knoblauchzehen
- 1/8 l Sojasauce/2 gelbe Paprikaschoten
- Salz und Pfeffer
- 1 Butternusskürbis
- 2 EL Öl/250 g Möhren
- 1 Zitrone/1 rote Chilischote
- 600 g Hähnchenfilet

Zubereitung:

Die Zwiebel und den Knoblauch schälen. Beides würfeln. Die Paprika waschen und in Streifen schneiden. Den Kürbis schälen, entkernen und in Spalten schneiden. Die Möhren schälen und in Scheiben schneiden. Die Chilischote entkernen, waschen und in Ringe schneiden. Das Fleisch waschen und in Streifen schneiden. Die Zitrone waschen und die Schale abreiben. Danach die Zitrone auspressen. In einem Wok Öl erhitzen. Das Fleisch darin anbraten und mit Salz sowie Pfeffer würzen. Das Fleisch aus dem Wok nehmen und die Möhren, die Zwiebel, die Paprika, die Chilischote, den Knoblauch und den Kürbis darin anbraten. Anschließend das Fleisch hinzugeben und alles mit Salz sowie Pfeffer abschmecken. Danach die Sojasauce und den Zitronensaft unterrühren. Alles für 6-8 Minuten dünsten. Die

Petersilie waschen und in Streifen schneiden. Den Zitronenabrieb mit der Petersilie mischen. Alles anrichten und mit der Zitronenpetersilie garnieren.

Hähnchen mit Lauch

Zutaten für 4 Portionen:

- 2 EL Fischsauce/2 Zwiebeln
- 3 EL Sojasauce/300 g Lauch
- 2 EL Mayonnaise/2 rote Chilischoten
- 2 EL Öl/600 g Hähnchenfilet
- 2-3 EL Speisestärke
- Salz und Pfeffer

Zubereitung:

Die Zwiebeln schälen und in Würfel schneiden. Den Lauch waschen und in Ringe schneiden. Die Chilischote entkernen, waschen und in Ringe schneiden. Das Fleisch würfeln und mit Salz sowie Pfeffer würzen. Danach das Fleisch mit der Speisestärke mischen. In einem Wok das Öl erhitzen. Darin das Fleisch anbraten. Anschließend die Chilischote sowie die Zwiebeln hinzugeben und alles für 2-3 Minuten braten. Den Lauch unterheben und ebenfalls anbraten. Zum Schluss die Fischsauce, die Sojasauce sowie die Mayonnaise untermischen.

Süßes-scharfes Hähnchen

Zutaten für 4 Portionen:

- 125 g Mini-Maiskölbchen
- 1 Zwiebel/1 rote Paprikaschote
- 1 Knoblauchzehe/2 gekochte Hähnchenfilets
- 20 g Ingwer/50 g Mungobohnenkeimlinge
- 4 EL Öl/1-2 TL Sambal Oelek
- 1 EL Tomatenmark/Zucker
- 100 ml Orangensaft/Salz und Pfeffer
- 1 Dose Kirschtomaten/3-4 EL Sojasauce
- 75 g Zuckerschoten
- 250 g Basmatireis

Zubereitung:

Die Zwiebel, den Knoblauch und den Ingwer schälen. Alles würfeln. In einem Topf 1 EL Öl erhitzen und den Ingwer, die Zwiebel sowie den Knoblauch dünsten. Mit dem Tomatenmark ablöschen. Den Orangensaft und die Tomaten untermischen. Alles aufkochen lassen und mit Sambal Oelek, Salz sowie Zucker abschmecken. Das Ganze köcheln lassen. Die Keimlinge waschen. Das Fleisch in Streifen schneiden. Die Paprika waschen und in Streifen schneiden. Den Mais waschen und halbieren. Die Zuckerschoten waschen und in Stücke schneiden. 500 ml Salzwasser aufkochen und den Reis darin nach Anweisung kochen. In einem Wok 1 EL Öl erhitzen.

Das Fleisch darin anbraten und wieder herausnehmen. Wieder 2 EL Öl in dem Wok erhitzen und das Gemüse anbraten. Das Gemüse mit 2-3 EL Wasser sowie der Sojasauce ablöschen. Die Keimlinge untermischen und alles aufkochen lassen. Das Gemüse mit Salz und Pfeffer abschmecken. Danach das Fleisch unter die Tomaten mischen und alles nochmals erhitzen.

Chicorée mit Rind und Gemüse

Zutaten für 4 Portionen:

- Salz und Pfeffer/600 g Rinderhüftsteak
- 150 ml Gemüsebrühe
- 2 rote Paprikaschoten
- 6-7 EL Chilisauce für Huhn
- 2 Chicoréekolben/2 EL Öl
- 2 Lauchzwiebeln
- ¼ Töpfchen Koriander
- 1 walnussgroßes Stück Ingwer
- 1 Knoblauchzehe

Zubereitung:

Das Fleisch in Streifen schneiden. Den Chicorée und die Paprika waschen. Beides in Streifen schneiden. Die Lauchzwiebeln waschen und in Ringe schneiden. Den Knoblauch und den Ingwer schälen. Beides in Scheiben schneiden. Den Koriander waschen und die Blätter hacken. In einem Wok Öl erhitzen. Das Fleisch anbraten und mit Salz würzen. Das Fleisch aus dem Wok nehmen und die Paprika, den Knoblauch, den Chicorée sowie den Ingwer darin anbraten. Mit der Brühe sowie der Chilisauce ablöschen. Alles aufkochen lassen und die Lauchzwiebeln, den Koriander sowie das Fleisch untermischen. Alles nochmals mit Salz und Pfeffer abschmecken.

Ente mit Zuckerschoten und Reis

Zutaten für 4 Portionen:

- 5-6 EL Sojasauce
- 250 g Basmatireis
- 2 Entenbrustfilets
- Salz und Pfeffer
- 1 Dose Bambusschösslinge in Streifen
- 4 Möhren
- 100 g Mungobohnenkeimlinge
- 200 g Zuckerschoten

Zubereitung:

500 ml Salzwasser aufkochen und den Reis nach Anweisung garen. Die Möhren schälen und in Scheiben schneiden. Die Zuckerschoten mit den Keimlingen waschen. Den Bambus abtropfen lassen. Einen Wok erhitzen. Die Haut von dem Fleisch entfernen und das Fleisch in Streifen schneiden. Danach das Fleisch in dem Wok anbraten und wieder herausnehmen. Das Fleisch mit Salz sowie Pfeffer würzen. Die Zuckerschoten und die Möhren in dem Wok anbraten. Danach die Sojasauce, den Bambus, das Fleisch und die Keimlinge untermischen. Alles nochmals erhitzen.

Schnitzel mit Ingwer und Nüssen

Zutaten für 4 Portionen:

- 2 EL Sojasauce
- 600 g Schweineschnitzel
- Zucker/4 rote Chilischoten
- 1 EL Öl/4 EL Austernsauce
- ½ Topf Koriander/1 Bund Lauchzwiebeln
- 1 Limette/50 g Ingwer
- 100 g geröstete Cashewkerne
- 1 Knoblauchzehe
- 1 rote Paprikaschote

Zubereitung:

Das Fleisch in Streifen schneiden. Die Chilischote waschen und in Ringe schneiden. Beides mit der Austernsauce mischen und für 30 Minuten ziehen lassen. Die Lauchzwiebeln waschen und in Stücke schneiden. Den Ingwer schälen und in Streifen schneiden. Den Knoblauch schälen und hacken. Die Paprika entkernen und waschen. Danach die Paprika in Streifen schneiden. Die Cashewkerne hacken. Die Limette auspressen. Den Koriander waschen und in Streifen schneiden. In einem Wok Ölerhitzen. Das Fleisch ohne die Marinade in dem Wok anbraten. Danach die Paprika, die Lauchzwiebeln und den Ingwer hinzugeben. Alles für 1 Minute anbraten. Mit der Marinade sowie 1-2 EL Wasser und Limettensaft ablöschen. Danach die Cashewkerne und den Knoblauch hinzugeben und alles für 2 Minuten garen lassen. Das Ganze mit Zucker abschmecken. Zum Schluss den Koriander untermischen.

Würziger Tofu mit Bambus

Zutaten für 4 Portionen:

- Salz und Pfeffer
- 1 Knoblauchzehe/2 EL Sonnenblumenöl
- 1 walnussgroßes Stück Ingwer/1 Glas Bambusschösslinge
- 1 EL Limettensaft/4 Lauchzwiebeln
- 1 EL Sojasauce/300 g rote Paprikaschoten
- 6 EL Chilisauce
- 400 g Tofu

Zubereitung:

Den Knoblauch und den Ingwer schälen. Beides hacken. Den Limettensaft mit 4 EL Chilisauce und der Sojasauce mischen. Danach den Knoblauch und den Ingwer einrühren. Den Tofu hineingeben und über Nacht ziehen lassen. Die Paprika waschen und in Streifen schneiden. Die Lauchzwiebeln waschen und in Ringe schneiden. Die Bambusschösslinge abtropfen lassen. In einem Wok Öl erhitzen. Den Tofu am nächsten Tag trocken tupfen und anbraten. Danach aus dem Wok nehmen und warmhalten. Das Gemüse in demselben Wok anbraten. Mit Salz, Pfeffer sowie der restlichen Chilisauce würzen. Den Tofu in Scheiben schneiden und zurück in den Wok geben. Alles anrichten.

Geschnetzeltes mit Nudeln und Paprika

Zutaten für 4 Portionen:

- Koriander
- 1 rote Paprikaschote
- 300 g Chuka Soba Nudeln
- 1 grüne Paprikaschote
- Salz und Pfeffer
- 1 Zwiebel
- 1 Glas Gewürzsauce Korma
- 1 Glas Bambusschösslinge
- 1 EL Sonnenblumenöl
- 300 g Schweinefilet

Zubereitung:

Die Paprika waschen. Die Zwiebel schälen. Beides in Streifen schneiden. Die Bambusschösslinge abtropfen lassen. Das Fleisch in Scheiben schneiden. In einem Wok Öl erhitzen. Das Fleisch darin anbraten. Danach die Paprika, den Bambus sowie die Zwiebel hinzugeben. Mit der Sauce ablöschen und alles aufkochen lassen. Anschließend kurz köcheln lassen und mit Salz sowie Pfeffer abschmecken. Salzwasser aufkochen und die Nudeln nach Anweisung zubereiten. Alles zusammen anrichten und mit dem Koriander garnieren.

Würziger Spitzkohl mit Garnelen

Zutaten für 4 Portionen:

- Sambal Oelek
- 250 g tiefgefrorene Garnelen
- 6-8 EL Sojasauce
- 1-2 EL geschälter Sesam
- 4 EL Öl
- 1 Zwiebeln
- Salz
- 1 Spitzkohl
- 200 g Basmatireis

Zubereitung:

Die Garnelen waschen und auftauen lassen. Danach den Darm entfernen. In einer Pfanne ohne Fett den Sesam rösten und herausnehmen. Die Zwiebel schälen und würfeln. Den Kohl waschen und in Streifen schneiden. Salzwasser aufkochen und den Reis nach Anweisung zubereiten. In einem Wok 1 EL Öl erhitzen. Darin die Garnelen anbraten und mit Salz würzen. Die Garnelen aus dem Wok nehmen. Wieder Öl im Wok erhitzen und den Spitzkohl mit den Zwiebeln anbraten. Das Ganze mit der Sojasauce ablöschen und mit Sambal Oelek abschmecken. Die Garnelen unterheben und nochmals erwärmen. Alles zusammen anrichten und mit dem Sesam garnieren.

Scharfer Spargel mit Beefsteak

Zutaten für 4 Portionen:

- 1 TL Sambal Oelek
- 1-2 Knoblauchzehen
- 4-6 EL Sojasauce/3 Möhren
- 5-6 Korianderstiele/1 kg weißer Spargel
- 2-3 EL Öl/500 g grüner Spargel
- Salz und Pfeffer
- 2 Beefsteaks

Zubereitung:

Den Knoblauch schälen und in Scheiben schneiden. Die Möhren schälen und in Stifte schneiden. Den Spargel waschen. Den weißen Spargel schälen und die Enden entfernen. Von dem grünen Spargel ebenfalls die Enden entfernen. Den gesamten Spargel klein schneiden. Das Fleisch in Streifen schneiden. In einem Wok 1 EL Öl erhitzen. Das Fleisch in dem Wok anbraten und würzen. Danach aus dem Wok nehmen. Wieder 1-2 EL Öl im Wok erhitzen und das gesamte Gemüse mit dem Knoblauch anbraten. Den Koriander waschen. Den Ingwer schälen und hacken. Das Gemüse mit der Sojasauce ablöschen und mit Sambal Oelek abschmecken. Danach das Fleisch sowie den Koriander unterheben. Alles nochmals abschmecken und anrichten.

Scharfes gebratenes Gemüse

Zutaten für 3 Portionen:

- 1 TL Sambal Oelek
- 200 g Shiitake-Pilze
- 1-2 EL Tomaten-Ketchup
- 500 g Brokkoli
- 4 EL Sojasauce
- 400 g Möhren
- 2 EL Öl
- 125 g Mungobohnenkeimlinge
- 1 Zwiebel

Zubereitung:

Die Pilze waschen und klein schneiden. Danach die Pilze einritzen. Den Brokkoli waschen und in Röschen teilen. Die Möhren schälen und in Stifte schneiden. Die Keimlinge waschen. Die Zwiebel schälen und würfeln. In einem Wok Öl erhitzen. Die Möhren anbraten und wieder herausnehmen. In dem Fett die Zwiebeln mit dem Brokkoli anbraten. Danach die Pilze hinzugegeben und alles braten. Die Möhren sowie die Keimlinge hinzugeben. Alles mit 100 ml Wasser und der Sojasauce ablöschen. Das Ganze 3 Minuten köcheln lassen. Das Gemüse mit Sambal Oelek, Ketchup sowie Salz würzen.

Pute mit Reis und Gemüse

Zutaten für 1 Person:

- Schnittlauch
- 40 g Basmatireis
- Sambal Oelek
- Salz und Pfeffer
- 50 g Mungobohnenkeimlinge
- 1 Möhre
- 2 EL Sojasauce
- 200 g Paprikaschoten
- ½ TL Öl
- 50 g Champignons
- 100 g Putenschnitzel
- 1 Zwiebel

Zubereitung:

1/8 l Salzwasser aufkochen und den Reis nach Anweisung zubereiten. Die Möhren schälen und in Scheiben schneiden. Die Paprika waschen und klein schneiden. Die Pilze waschen und halbieren. Die Zwiebel schälen und würfeln. Das Fleisch in Streifen schneiden. In einem Wok Öl erhitzen. Das Fleisch anbraten. Danach das Gemüse, die Zwiebel und die Pilze hinzufügen. Alles anbraten und würzen. Danach mit 100 ml Wasser sowie der Sojasauce ablöschen. Alles aufkochen lassen. Die Keimlinge waschen und unterheben. Alles mit der Sojasauce und dem Sambal Oelek abschmecken. Danach servieren.

Weißkohl mit Garnelen und Ananas

Zutaten für 4 Portionen:

- 1-2 TL Speisestärke/750 g Weißkohl
- Sambal Oelek
- 2 Paprikaschoten/1 EL Weißweinessig
- 1 Dose Ananasringe/2-3 EL Tomaten-Ketchup/150 g Mungobohnenkeimlinge
- Salz und Pfeffer/2 Zwiebel
- 1 EL Öl/10-12 rohe Garnelen ohne Schale und ohne Kopf

Zubereitung:

Paprika und Kohl in Streifen schneiden. Die Ananas abtropfen lassen. Dabei den Saft auffangen. Die Ananas klein schneiden. Die Keimlinge waschen. Die Zwiebel schälen und würfeln. Die Garnelen waschen und den Darm entfernen. In einem Wok Öl erhitzen. Die Garnelen darin anbraten und mit Salz sowie Pfeffer würzen. Die Garnelen aus dem Wok nehmen und den Kohl darin anbraten. Die Paprika und Zwiebeln hinzugeben. Alles für 2-3 Minuten braten und mit Salz abschmecken. Die Ananas und die Keimlinge hinzugeben. Den Ketchup mit dem Ananassaft, dem Sambal Oelek und dem Essig mischen. Damit das Gemüse ablöschen und alles für 5 Minuten schmoren lassen. Die Stärke in den Wok rühren und aufkochen lassen. Zum Schluss die Garnelen darin erhitzen.

Zwei Fleischarten mit Gemüse und Nüssen

Zutaten für 2 Portionen:

- 6-8 EL Asia-Sauce süß-sauer
- 1-2 rote Chilischoten
- Salz und Pfeffer/1 Zitrone
- Curry/2 EL trockener Sherry
- 50 g Cashewkerne/Sojasauce
- 150-200 g Champignons
- 1 EL flüssiger Honig/150-200 g Austernpilze/8-10 EL Öl/4 Möhren
- 1 EL Sesam/100 g gefrorene Erbsen
- 300 g Schweinefilet/1 Chinakohl
- 300 g Hähnchenfilet
- 1 Bund Lauchzwiebeln/250 g Brokkoli

Zubereitung:

Die Chilischote hacken. Den Ingwer reiben. Die Zitrone waschen und die Schale abreiben. Danach die Zitrone auspressen. Alles mit dem Sherry, dem Honig, 8 EL Sojasauce, Sesam und 4 EL Öl mischen. Das Fleisch klein schneiden und separate mit der Marinade für 1 Stunde ziehen lassen. Das Gemüse waschen und klein schneiden. Die Pilze waschen und in Scheiben schneiden. 4-6 EL Öl in einem Wok erhitzen. Das Fleisch mit dem Gemüse anbraten und würzen. Mit den Kernen garnieren.

Knackiges Gemüse mit Schwein

Zutaten für 4 Portionen:

- Sambal Oelek
- 10 g getrocknete Mu-Err-Pilze
- 1 EL Speisestärke/250-300 g Schweine-filet
- 125 g gefrorene Erbsen/6-8 EL Teriyaki-Marinade
- 2 EL Öl/½ Blumenkohl
- 125 g Mungobohenkeimlinge
- Salz/1 Bund Lauchzwiebeln
- Cayennepfeffer/2 Paprikaschoten
- 1 Dose Ananas

Zubereitung:

Wasser aufkochen und die Pilze darin für 30 Minuten quellen lassen. Das Fleisch waschen und in Scheiben schneiden. Die Teriyaki-Marinade mischen und das Fleisch darin ebenfalls für 30 Minuten ziehen lassen. Den Blumenkohl waschen und in Röschen schneiden. 1/8 l Salzwasser aufkochen und den Blumenkohl darin für 3 Minuten garen. Danach abschütten und das Wasser auffangen. Die Ananas abtropfen lassen. Dabei ebenfalls den Saft auffangen. Die Lauchzwiebeln und die Paprika waschen und klein schneiden. Die Keimlinge waschen. Die Pilze abtropfen lassen und klein schneiden. Das Fleisch aus der Marinade nehmen. In einem Wok 1 EL Öl erhitzen und das Fleisch darin anbraten. Danach aus dem

Wok nehmen und wieder 1 EL Öl im Wok erhitzen. Dort die Zwiebel, die Paprika, den Blumenkohl, die Pilze, die Keimlinge, die Erbsen und die Ananas anbraten. Das Gemüse mit dem Gemüsewasser, der Marinade und 6 EL Ananassaft ablöschen. Alles kurz köcheln lassen und das Fleisch hinzugeben. 3 EL Wasser und die Stärke mischen und damit das Gemüse binden. Alles abschmecken und servieren.

Süß-saure Pute mit Pilzen

Zutaten für 4 Portionen:

- 1 Tomate/3-4 Putenschnitzel
- 2-3 EL Sherry/2 TL Speisestärke
- 1-2 EL Zucker/1 Zwiebel
- 2 EL Essig/300 g Champignons
- 2-3 EL Tomatenketchup/2 Stangen Lauch
- 3/8 l instant Gemüsebrühe
- 2-3 EL ÖL
- Salz und Pfeffer

Zubereitung:

Das Fleisch in Würfel schneiden. Die Sojasauce mit der Stärke mischen. Das Fleisch darin für 5-10 Minuten ziehen lassen. Die Zwiebel schälen und würfeln. Die Pilze sowie den Lauch waschen. Die Pilze halbieren und den Lauch in Ringe schneiden. Die Ananas abtropfen lassen. Dabei den Saft auffangen. Das Fleisch aus der Marinade nehmen. In einem Wok Öl erhitzen und das Fleisch von allen Seiten anbraten. Anschließend mit Salz und Pfeffer würzen und aus dem Wok nehmen. Die Zwiebel mit der Ananas, den Pilzen und dem Lauch in dem Wok für 5 Minuten braten. Das Ganze mit der Marinade und der Brühe ablöschen. Alles aufkochen lassen. Danach 6 EL Ananassaft, den Essig und den Ketchup unterrühren. Alles mit Sojasauce, Zucker, Sherry und Pfeffer würzen. Das Fleisch in den Wok geben und nochmals erhitzen. Die Tomaten waschen, entkernen und in Würfel schneiden. Die Tomaten über den Wok streuen und alles anrichten.

Schweinegeschnetzeltes mit Reisnudeln

Zutaten für 4 Portionen:

- ½ TL Sambal Oelek/50 g Schweineschnitzel
- 6 EL Sojasauce/250 g Möhren
- 100 ml klare Brühe/1 Bund Lauchzwiebel
- 1 EL Öl/500 g Chinakohl/Salz
- 150 g Mungobohnenkeimlinge
- 150 g asiatische Reisnudeln
- 1-2 Knoblauchzehen/1 rote Chilischote

Zubereitung:

Das Fleisch in Streifen schneiden. Die Lauchzwiebeln, die Möhren und den Chinakohl schälen. Die Möhren und die Lauchzwiebel in Scheiben schneiden. Den Chinakohl in Streifen schneiden. Die Keimlinge waschen. Den Knoblauch schälen und hacken. Die Chilischote entkernen, waschen und hacken. Die Reisnudeln nach Anweisung garen. In einem Wok Öl erhitzen. Das Fleisch anbraten und wieder aus dem Wok nehmen. Anschließend das Gemüse mit dem Knoblauch darin anbraten. Die Chilischote hinzugeben und mit der Brühe alles ablöschen. Für 5 Minuten dünsten. Das Fleisch hinzugeben und mit Sambal Oelek sowie der Sojasauce abschmecke. Mit den Reisnudeln servieren.

Pute mit Reis und Gemüse

Zutaten für 1 Portion:

- 1 Msp. Curry
- 45 g Reis/1 TL Öl
- Salz und Pfeffer
- 1-2 TL Sojasauce/1 Lauchzwiebel
- 100 g Putenschnitzel
- ½ Paprikaschote
- 20 g Mungobohnenkeimlinge
- 1 Möhre
- 50 g Zucchini

Zubereitung:

1/8 l Salzwasser aufkochen und den Reis bei geringer Hitze für 25 Minuten quellen lassen. Das Gemüse waschen. Die Lauchzwiebel in Ringe schneiden. Die Paprika und die Möhre in Stifte schneiden. Die Zucchini halbieren und in Scheiben schneiden. In einem Wok Öl erhitze und das Fleisch von allen Seiten anbraten. Danach mit Salz sowie Pfeffer würzen und wieder aus dem Wok nehmen. Das Gemüse ohne die Keimlinge in demselben Wok abraten. Danach die Keimlinge hinzugeben. Das Gemüse mit Salz, Pfeffer, Curry und Sojasauce abschmecken. Die Steaks mit dem Gemüse und dem Reis anrichten.

Garnelen mit Bambus und Chinakohl

Zutaten für 5 Portionen:

- 1 Flasche Asia süß-sauer Sauce
- 450 g gekochte und gefrorene Garnelen ohne Schale und ohne Kopf
- Salz/1 Dose Ananas/Cayennepfeffer
- 200 g Mungobohnenkeimlinge
- 2-3 EL Öl/1 Dose Bambussprossen
- 1 Chilischote/1 Chinakohl/1-2 Knoblauchzehen

Zubereitung:

Die Garnelen auftauen. Die Ananas abtropfen und dabei den Saft auffangen. Die Ananas klein schneiden. Die Keimlinge waschen und mit dem Bambus abtropfen lassen. Den Chinakohl in Streifen schneiden. Den Knoblauch schälen und hacken. Die Chilischote entkernen, waschen und in Ringe schneiden. Die Garnelen waschen. Öl in einem Wok erhitzen. Den Knoblauch und die Garnelen anbraten. Mit Cayennepfeffer und Salz würzen. Danach beides aus dem Wok nehmen. In dem Fett die Keimlinge, den Kohl und den Bambus anbraten. Alles ebenfalls aus dem Wok nehmen. Danach die Ananas und die Chilischote in dem Fett anbraten. Zum Schluss alles in den Wok zurückgeben und mit der Sauce übergießen. Alles erhitzen und mit Salz sowie Cayennepfeffer und 4-5 EL Ananas abschmecken.

Glasnudeln mit Gemüse und Sesam

Zutaten für 3 Portionen:

- ½ TL Sambal Oelek
- 1 Stange Lauch
- Salz/3 Möhren/4-5 EL Sojasauce
- 2 Paprikaschoten/1-2 EL Sesamöl
- 400 g Pak Choi/1 EL Sesam
- 250 g Champignons/40 g Glasnudeln
- ½ l Öl/2 EL Öl

Zubereitung:

Den Lauch waschen und in Ringe schneiden. Die Möhren schälen und in Scheiben schneiden. Die Paprika waschen und klein schneiden. Das Pak Choi waschen und klein schneiden. Die Pilze waschen und in Scheiben schneiden. ½ l Öl in einem Topf erhitzen. Die Glasnudeln klein schneiden und für 10-15 Minuten in dem Öl frittieren. Danach auf einem Küchenpapier abtropfen lassen. In einem Wok ohne Fett den Sesam rösten. Den Sesam zur Seite stellen und in dem Wok 2 EL Öl erhitzen. Darin die Möhren anbraten. Anschließend die Pilze, den Lauch und die Paprika hinzugeben. Alles anbraten. Danach das Pak Choi hinzugeben und für 2 Minuten mitbraten. Mit dem Sesamöl, der Sojasauce, Salz und dem Sambal Oelek abschmecken. Zum Schluss mit den Nudeln anrichten und mit Sesam bestreuen.

Gemüse mit Nudeln in Hoi-Sin-Sauce und Rindfleisch

Zutaten für 4 Portionen:

- ½ Bund asiatischer Schnittlauch
- 300 g Rinderfilet/1 EL Sambal Oelek
- 75 g Hoi-Sin-Sauce/3-4 EL Sojasauce
- 200 g asiatische Weizennudeln
- 1 EL Öl/Salz/25 g Sesamsaat
- 400 g Möhren/200 g Lauchzwiebeln/1 Kohlrabi/200 g Zuckerschoten

Zubereitung:

Das Fleisch in Scheiben schneiden. Das Fleisch mit der Hoi-Sin-Sauce mischen und für 30 Minuten marinieren. Salzwasser aufkochen und die Nudeln für 5-6 Minuten garen. Die Möhren sowie den Kohlrabi schälen und in Streifen schneiden. Die Zuckerschoten waschen. Die Lauchzwiebeln in Röllchen schneiden. Die Nudeln abschrecken. In einem Wok ohne Fett den Sesam rösten und zur Seite stellen. In dem Wok Öl erhitzen und das Fleisch anbraten. Dieses ebenfalls aus dem Wok nehmen. Die Nudeln in dem Fett anbraten. Danach den Kohlrabi, die Möhren und die Zuckerschoten mitbraten. Anschließend das Fleisch hinzugeben. Mit dem Sambal Oelek und der Sojasauce würzen. Den Schnittlauch klein schneiden. Das Gemüse mit dem Sesam, der Lauchzwiebel und dem Schnittlauch garnieren.

Bratnudeln mit Paprika

Zutaten für 4 Portionen:

- Koriander
- 200 g japanische Weizenmehlnudeln
- 8-10 EL Sojasauce/Salz und Pfeffer
- 1-2 TL Sambal Oelek
- 1 Zwiebel/2 EL Öl
- 2 Knoblauchzehen
- 500 g Rinderhüftsteak
- 1 rote Paprikaschote/1 Chinakohl
- 1 gelbe Paprikaschote

Zubereitung:

Salzwasser aufkochen und die Nudeln für 4-5 Minuten darin kochen. Danach abschrecken. Die Zwiebel und den Knoblauch schälen. Beides würfeln. Die Paprika waschen und in Streifen schneiden. Den Chinakohl waschen und in Streifen schneiden. Das Fleisch ebenfalls in Streifen schneiden. In einem Wok Öl erhitzen. Das Fleisch darin anbraten und zur Seite stellen. Anschließend mit Salz und Pfeffer bestreuen. Die Paprika mit dem Knoblauch und der Zwiebeln in dem Fett anbraten. Danach den Kohl und die Nudeln hinzugeben. Alles unter Rühren anbraten. Mit der Sojasauce und dem Sambal Oelek abschmecken. Zum Schluss das Fleisch hinzugeben und erhitzen. Alles nochmals abschmecken und zum Servieren mit dem Koriander garnieren.

Riesengarnelen mit Knoblauch

Zutaten für 1 Portion:

- 2 Kerbelstiele
- 3 küchenfertige Riesengarnelen
- 2 Korianderstiele
- 1 EL Sesamöl
- 1-2 EL Sojasauce
- Salz und Pfeffer
- 2 EL Knoblauchbutter
- 150 g Weißkohl

Zubereitung:

Von den Garnelen die Schale sowie den Darm entfernen. Danach die Garnelen waschen und in der Länge einschneiden. Die Garnelen mit Salz, Pfeffer, Sesamöl würzen und kurz ziehen lassen. Den Weißkohl waschen und in Streifen schneiden. In einem Wok die Knoblauchbutter erhitzen. Den Weißkohl anbraten. Die Garnelen hinzugeben und für 3 Minuten braten. Alles mit Sojasauce, Sesamöl, Salz und Pfeffer würzen. Die Kräuter waschen und zupfen. Alles anrichten und mit den Kräutern garnieren.

Gebratener Wirsing mit Kabeljau

Zutaten für 2 Portionen:

- 3 EL Sojasauce
- 100 g Basmatireis/Sambal Oelek
- Salz/200 ml Instant-Gemüsebrühe
- 1 rote Paprikaschote/2 TL Öl
- 1 gelbe Paprikaschote
- Einige Spritzer Zitronensaft
- 500 g Wirsing
- 200 g Kabeljaufilet

Zubereitung:

Salzwasser aufkochen und den Reis nach Anweisung zubereiten. Die Paprikaschoten waschen und in Streifen schneiden. Die Wirsingblätter in Streifen schneiden und waschen. Den Kabeljau klein schneiden und mit Zitronensaft beträufeln. Danach den Fisch mit Salz würzen. In einem Wok 1 TL Öl erhitzen. Die Paprika und den Wirsing für 10 Minuten anbraten. Beides mit Salz würzen und aus dem Wok nehmen. Wieder 1 TL Öl darin erhitzen und den Fisch anbraten. Danach das Gemüse hinzugeben und alles verrühren. Mit der Brühe ablöschen. Zum Schluss mit Sojasauce und Sambal Oelek abschmecken. Den Fisch mit Gemüse und Reis anrichten.

Gemüse süß-sauer

Zutaten für 4 Portionen:

- 1 EL Öl/1 Knoblauchzehe
- 400 g Chinakohl/1 walnussgroßer Ingwer
- 400 g Chinakohl/2 EL Honig
- 1 Dose Bambusschösslinge
- 5 EL Weißweinessig/150 g Shiitake-Pilze
- 1 TL Sambal Oelek/150 g Champignons
- 50 g instant Gemüsebrühe
- 2 Lauchstangen
- 1 EL heller Saucenbinder
- 2 rote Paprikaschoten

Zubereitung:

Den Ingwer und den Knoblauch schälen. Beides hacken. In einem Topf den Honig mit Essig, Sambal Oelek, Ingwer und Knoblauch erhitzen. Mit der Brühe ablöschen und für 5 Minuten köcheln lassen. Den Saucenbinder einrühren und aufkochen lassen. Die Paprika entkernen und klein schneiden. Den Lauch waschen und in Ringe schneiden. Die Champignons waschen und halbieren. Die Shiitake-Pilze halbieren und die Stiele entfernen. Den Bambus abtropfen lassen. Anschließend den Bambus in Scheiben schneiden. Den Chinakohl in Streifen schneiden. In einem Wok Öl erhitzen. Darin die Paprika mit dem

Lauch anbraten. Anschließend die Pilze für 2 Minuten mitbraten. Zum Schluss den Chinakohl hinzugeben und mitbraten. Mit der Sauce ablöschen. Mit Salz abschmecken und servieren.

Reis mit scharfem Hühnchen und Gemüse

Zutaten für 4 Portionen:

- 100 g Sojasprossen/200 g Basmatireis
- 4-5 EL Chilisauce für Huhn/Salz und Pfeffer
- 1 EL Öl/400 g Brokkoli
- 2 Hähnchenfilets/4 Möhren
- 5-6 Korianderstiele/200 g Champignons
- ½ Bund Lauchzwiebeln

Zubereitung:

Salzwasser aufkochen und den Reis nach Anweisung kochen. Den Brokkoli in Röschen teilen. Die Möhren schälen und in Scheiben schneiden. Die Pilze waschen und halbieren. Die Lauchzwiebeln waschen und in Ringe schneiden. Den Koriander waschen und die Blätter hacken. Das Fleisch würfeln. Erneut Salzwasser aufkochen und den Brokkoli für 5 Minuten kochen. In einem Wok Öl erhitzen. Das Fleisch für 8-10 Minuten braten. Danach mit Salz und Pfeffer würzen. Die Möhren hinzugeben und für 2 Minuten mitbraten. Danach die Champignons hinzugeben. Den Reis abschütten. Das Gemüse mit 1 EL Wasser und der Chilisauce ablöschen. Danach mit Lauchzwiebeln, Sojasprossen und Koriander mischen. Alles nochmals abschmecken und mit dem Reis servieren.

Schweinefleisch mit Sprossen und Bambus

Zutaten für 4 Portionen:

- ½ TL Sambal Oelek
- 500 g Schweineschnitzel
- 8 Halme Schnitt-Knoblauch/250 g Möhren
- 100 ml instant Gemüsebrühe/1 Bund Lauchzwiebeln
- 8 EL pikante Sojasauce/1 Pak Choi
- 3-4 EL Sojaöl
- 1 Dose Bambusschösslinge in Stücken
- 1 rote Chilischote
- 150 g Sojabohnensprossen
- 1-2 Knoblauchzehen

Zubereitung:

Das Fleisch in Streifen schneiden. Die Möhren, das Pak Choi und die Lauchzwiebeln wachen. Die Möhren in Scheiben schneiden. Das Pak Choi in Streifen und die Lauchzwiebeln in Scheiben schneiden. Den Bambus abtropfen lassen und in Scheiben schneiden. Die Sprossen waschen. Den Knoblauch schälen und pressen. Die Chilischote entkernen, waschen und in Ringe schneiden. In einem Wok das Sojaöl erhitzen. Darin das Fleisch anbraten und mit Sojasauce würzen. Danach das Fleisch zur Seite stellen. In dem Fett das Gemüse mit dem Knoblauch anbraten. Die Chilischote hinzugeben und mit der

Brühe sowie der Sojasauce ablöschen. Alles für 5 Minuten dünsten. Den Schnitt-Knoblauch waschen und klein schneiden. Den Schnitt-Knoblauch mit dem Fleisch in den Wok geben und alles aufkochen lassen. Zum Schluss mit Sambal Oelek und Sojasauce abschmecken.

Geschnetzeltes mit Pilzen und Ananas

Zutaten für 4 Portionen:

- Cayennepfeffer
- 10 g getrocknete Mu-Err-Pilze
- 1 EL Speisestärke
- Salz und Pfeffer
- 1/8 l Speisestärke
- 200 g Reis
- 100 g Mungobohnensprossen
- 500 g Blumenkohl
- 100 g gefrorene Erbsen
- 300 g Schweinefilet
- 2 EL Öl
- 4 EL Teriyaki Sauce
- 1 rote Paprikaschote
- 1 Dose Ananas
- 1 gelbe Paprikaschote

Zubereitung:

1/8 l Wasser aufkochen lassen und die Mu-Err-Pilze damit übergießen. Die Pilze für 30 Minuten quellen und anschließend abtropfen lassen. ¼ l Salzwasser aufkochen und den Reis für 20 Minuten quellen lassen. Den Blumenkohl waschen und in Röschen teilen. Wieder Salzwasser aufkochen und den Blumenkohl darin für 3 Minuten blanchieren. Danach abschrecken. Das Fleisch in Scheiben schneiden. Die Teriyaki Sauce mit dem Fleisch mischen und für 10 Minuten ziehen lassen. Die Ananas abtropfen lassen und klein schneiden. Die Paprika waschen und würfeln. In einem Wok 1 EL Öl erhitzen. Das Fleisch darin anbraten und mit Salz sowie Pfeffer würzen. Das Fleisch aus dem Wok nehmen. Das restliche Öl in dem Wok erhitzen und die Erbsen, den Blumenkohl, die Ananas, die Paprika und die Sprossen anbraten. Danach die Brühe und die Pilze hinzugeben. Alles aufkochen. 2 EL Wasser mit der Stärke mischen und die Sauce damit binden. Das Fleisch zurück in den Wok geben und erhitzen. Zum Schluss mit Cayennepfeffer und Salz würzen. Mit dem Reis anrichten.

Pute mit Spinat und Sonnenblumenkernen

Zutaten für 4 Portionen:

- 2-3 EL geröstete Sonnenblumenkerne
- 500 g Putenbrust
- ¼ l klare instant Hühnerbouillon
- 1 Zwiebel/2-3 EL Sojaöl
- 1 Knoblauchzehe/400 g rote Paprikaschoten/4 EL Sojasauce/500 g Fenchel
- 2 EL Zitronensaft/400 g Spinat
- ½ TL Sambal Oelek

Zubereitung:

Das Fleisch in Scheiben schneiden. Die Zwiebel und den Knoblauch schälen. Beides würfeln und mit dem Zitronensaft, der Sojasauce sowie dem Sambal Oelek mischen. Die Putenscheiben hineingeben und ziehen lassen. Den Spinat waschen. Den Fenchel waschen und in Scheiben schneiden. Die Paprika waschen und in Streifen schneiden. Das Fleisch aus der Marinade nehmen. In einem Wok Öl erhitzen und das Fleisch anbraten. Danach Fenchel und die Paprika hinzugeben. Alles schmoren lassen. Danach mit ¼ der Brühe ablöschen. Zum Schluss Spinat hinzugeben und ebenfalls schmoren lassen. Mit dem Sambal Oelek, Salz sowie der Marinade abschmecken. Zum Servieren mit den Sonnenblumenkernen garnieren.

Allerlei gebratenes Fleisch

Zutaten für 4 Portionen:

- 1-2 EL trockener Sherry/1 Entenbrustfilet
- Salz und Pfeffer/300 g Schweineschnitzel
- 4 EL Öl/300 g Putenbrust
- 150 g Mungobohnensprossen
- 350 g Möhren/150 g Austernpilze
- 1 Stange Porree/½ Chinakohl
- 1 gelbe Paprikaschote/3-4 EL Orangensaft/2-3 EL helle Sojasauce

Zubereitung:

Das Fleisch in Streifen schneiden. Das Gemüse waschen und schälen. Die Möhren klein schneiden. Den Porree in Ringe schneiden. Die Paprika würfeln und den Chinakohl in Streifen schneiden. Die Pilze klein schneiden. Die Sprossen waschen. In einem Wok das Öl erhitzen und das Fleisch anbraten. Das Fleisch mit Salz und Pfeffer würzen. Danach das Fleisch aus dem Wok nehmen. Erneut Öl in dem Wok erhitzen und das Gemüse anbraten. Das Gemüse mit Salz und Pfeffer würzen. Anschließend das Fleisch untermischen und alles erhitzen. Mit der Sojasauce, dem Orangensaft und dem Sherry ablöschen. Alles aufkochen lassen und vor dem Servieren mit Salz sowie Pfeffer abschmecken.

Hähnchen mit buntem Gemüse auf Reis

Zutaten für 4 Portionen:

- Salz und Pfeffer/1 rote Paprikaschote
- 1 EL Speisestärke/1 grüne Paprikaschote
- 400 ml instant Gemüsebrühe/1 gelbe Paprikaschote
- 80 ml Sojasauce/500 g Brokkoli
- 1 EL Öl/30 g Ingwer
- 40 g Cashewkerne/2 rote Chilischoten
- 175 g Basmatireis/350 g Hähnchen-fleisch

Zubereitung:

Die Paprikaschoten waschen und in Streifen schneiden. Den Brokkoli waschen und in Röschen teilen. Den Ingwer schälen und hacken. Die Chilischoten entkernen, waschen und in Ringe schneiden. Das Fleisch in Streifen schneiden. Salzwasser aufkochen und den Reis für 15 Minuten garen. In einem Wok ohne Fett die Cashewkerne rösten und zur Seite stellen. In demselben Wok Öl erhitzen. Das Fleisch darin anbraten und zur Seite stellen. Anschließend den Brokkoli anbraten. Die Paprika, die Chilischote und den Ingwer unterrühren. Alles anbraten. Mit der Brühe und der Sojasauce ablöschen. Alles für 5 Minuten köcheln lassen. Wasser und Stärke miteinander mischen und die Sauce damit binden. Das Fleisch zurück in den Wok geben und alles erhitzen. Das Ganze mit Salz und Pfeffer abschmecken. Vor dem Servieren die Cashewkerne darüber streuen. Den Reis anrichten und das Hähnchen darauf verteilen.

Geschnetzeltes mit Kohl und Reis

Zutaten für 5 Portionen:

- 1 TL Speisestärke/250 g Basmatireis
- Salz und Pfeffer/600 g Weißkohl
- 3 EL Sherry/1 rote Paprikaschote
- 6 EL Sojasauce
- 1 Stange Lauch/2 EL Öl
- 300 g Möhren/600 g Rumpsteak
- 1 Gemüsezwiebel/2 Knoblauchzehen

Zubereitung:

Salzwasser aufkochen und den Reis für 20 Minuten bei geringer Hitze quellen lassen. Die Paprika und den Kohl waschen. Beides in Streifen schneiden. Den Lauch waschen und in Scheiben schneiden. Die Möhren schälen und in Stifte schneiden. Den Knoblauch und die Zwiebel schälen. Beides in Scheiben schneiden. Das Fleisch in Streifen schneiden. In einem Wok Öl erhitzen. Darin das Fleisch anbraten. Danach die Zwiebel und den Knoblauch hinzugeben. Alles für 2 Minuten weiterbraten. Danach die Paprika, die Möhren und den Kohl untermischen und für 4 Minuten braten. Mit 200 ml Wasser, Sherry und der Sojasauce ablöschen. Alles für 4 Minuten köcheln lassen. Mit Salz und Pfeffer würzen. Die Stärke mit etwas Wasser mischen und die Sauce damit binden. Das Geschnetzelte mit dem Reis anrichten.

Ananas-Kokos-Curry mit Hähnchen und Reis

Zutaten für 4 Portionen:

- Salz und Pfeffer
- 500 g Hähnchenfilets/2-3 TL Speisestärke
- 350 g Ananas/200 ml Kokosmilch
- 1 haselnussgroßer Ingwer/300 ml instant Gemüsebrühe
- 3 Knoblauchzehen
- 1 ½ TL rote Currypaste/1 rote Paprikaschote
- 150 g Basmatireis/3 Lauchzwiebeln
- 1 EL Olivenöl

Zubereitung:

Das Fleisch klein schneiden. Die Ananas schälen und das Fruchtfleisch klein schneiden. Den Knoblauch sowie den Ingwer schälen. Beides in Scheiben schneiden. Die Paprika waschen und in Streifen schneiden. Die Lauchzwiebel waschen und in Ringe schneiden. In einem Wok Öl erhitzen. Das Fleisch mit Salz würzen und für 2-3 Minuten anbraten. Salzwasser aufkochen und den Reis nach Anweisung zubereiten. Die Paprika mit dem Knoblauch, der Ananas, der Currypaste und dem Ingwer zu dem Fleisch geben und mitbraten. Mit der Kokosmilch sowie der Brühe ablöschen. Danach die Lauchzwiebeln hinzugeben und alles für 3-4 Minuten köcheln lassen. Die

Stärke mit etwas Wasser mischen und die Sauce damit binden. Mit Salz und Pfeffer abschmecken. Den Reis abschütten und mit dem Curry servieren.

Scharfes Rindfleisch mit Bambus und Nudeln

Zutaten für 4 Portionen:

- 2-3 TL Speisestärke
- 100 g Bambusschösslinge/5 EL Sojasauce
- 500 g Rinderhüfte/300 ml instant Rinderbouillon
- ½ gelbe Paprikaschote/Salz und Pfeffer
- ½ orangene Paprikaschote
- 175 g Nudeln/1 Stange Porree
- 2 EL Olivenöl/150 g Shiitake-Pilze
- 3 Knoblauchzehen/6 rote Chilischoten/1 haselnussgroßer Ingwer

Zubereitung:

Den Bambus abtropfen lassen. Das Fleisch in Streifen schneiden. Die Paprika waschen und in Streifen schneiden. Den Porree waschen und in Ringe schneiden. Die Pilze waschen. 2 Chilischoten entkernen, waschen und klein schneiden. Den Knoblauch mit dem Ingwer schälen. Beides in Scheiben schneiden. Salzwasser aufkochen und die Nudeln nach Anweisung zubereiten. In einem Wok Öl erhitzen. Das Fleisch salzen und für 3-4 Minuten anbraten. Danach das Fleisch aus dem Wok nehmen. Den Bambus mit den Pilzen, dem Knoblauch, dem Porree und der Paprika sowie der Chilischote in den Wok geben und für 5 Minuten anbraten. Mit Salz sowie Pfeffer würzen. Alles aus dem Wok nehmen. Die Brühe und die Sojasauce in den Wok schütten und köcheln lassen. Die Stärke mit etwas Wasser mischen und die Sauce damit binden. Alles wieder zurück in den Wok geben und erwärmen.

Vor dem Servieren nochmals mit Salz und Pfeffer abschmecken. Mit den restlichen Chilischoten anrichten.

Pak Choi mit Erdnüssen und Kokosmilch

Zutaten für 4 Portionen:

- Salz und Pfeffer
- 300 g Algen
- 1 Pak Choi
- 1 TL Kokosblütenzucker
- ½ Bund Frühlingszwiebeln
- 1 EL Limettensaft
- 4 EL Erdnüsse
- 200 ml Kokosmilch
- 1 Chili Paprika
- Kokosöl
- 1 EL Meeresspaghetti
- 1 TL Wok Up Gewürz

Zubereitung:

Die Algen nach Anweisung zubereiten. In einem Wok das Kokosöl erhitzen und das Gemüse darin anbraten. Danach das Wok Up untermischen. Die Erdnüsse rösten und mit dem Meeresspaghetti hinzugeben. Das Ganze mit der Kokosmilch ablöschen und aufkochen lassen. Danach mit Salz, Pfeffer, Limettensaft und Kokosblütenzucker abschmecken.

Hühnchen mit Kokos und Erdnuss-Curry

Zutaten für 3 Portionen:

- Salz/2 TL Erdnussöl
- 2 Tassen Wasser/400 g Hühnerbrust
- 1 Tasse Reis/2 gehäufte TL Currypaste
- 2 gehäufte TL Zitronengraspaste
- 400 ml Kokosmilch
- 2 EL Wasser/2 gehäufte TL Erdnussbutter
- 1 TL Speisestärke/1 Knoblauchzehe
- 1 Dose Bambussprossen
- 1 gehäufter TL gekörnte Gemüsebrühe
- 1 Karotte
- 2 Handvoll Zuckerschoten

Zubereitung:

Den Reis mit der doppelten Menge Salzwasser aufkochen lassen. Den Reis bei geringer Hitze leicht köcheln und mit geschlossenem Deckel für 15-20 Minuten quellen lassen. In einem Wok 1 EL Erdnussöl erhitzen. Das Fleisch darin anbraten und wieder aus dem Wok nehmen. Danach wieder 1 EL Erdnussöl erhitzen und die Currypaste anrösten. Mit der Kokosmilch ablöschen. Dazu die Erdnussbutter geben und den Knoblauch hinzupressen. Mit der Gemüsebrühe abschmecken. Danach die Zuckerschoten hinzugeben und abschmecken. Die Karotten schälen und in Scheiben schneiden. Die Karotten ebenfalls hinzugeben und köcheln lassen. Danach die Bambussprossen sowie das Fleisch hinzugeben und nochmals köcheln lassen. Die Stärke mit Wasser mischen und die Sauce binden. Zum Schluss mit Salz abschmecken und die Zitronengraspaste unterrühren.

Hähnchencurry

Zutaten für 4 Portionen:

- Salz und Pfeffer
- 500 g Hähnchenbrust
- 1 Knoblauchzehe
- 400 ml Kokosmilch
- 1 Glas Bambusscheiben
- 2 EL Sojasauce
- 2 rote Paprikaschoten
- 2 TL rote Currypaste
- 5 Frühlingszwiebeln

Zubereitung:

Das Fleisch, die Frühlingszwiebeln und die Paprika klein schneiden. Den Knoblauch schälen und hacken. In einem Wok die Currypaste anschwitzen. Danach das Fleisch hinzugeben und braten. Anschließend das Gemüse sowie den Knoblauch hinzugeben und alles dünsten. Mit der Kokosmilch alles ablöschen und andicken. Abschmecken und anrichten.

Hähnchen mit süßem Gemüse

Zutaten für 4 Portionen:

- Salz und Pfeffer
- 400 g Hähnchenbrustfilet
- 2 EL Sesam/2 TL Sambal Oelek
- 2 EL Akazienhonig/2 EL Sojasauce
- 50 ml Cremefine/1 TL geriebener Ingwer
- 150 ml Gemüsebrühe
- 3 EL Öl
- 1 Knoblauchzehe
- 3 EL Speisestärke
- 500 g Brokkoliröschen
- 400 g Basmatireis

Zubereitung:

1 TL Sambal Oelek mit dem Ingwer und der Sojasauce mischen. Danach das Fleisch unterheben und alles im Kühlschrank über Nacht ziehen lassen. In einem Wok 1 EL Öl erhitzen. Das Fleisch mit der Stärke mischen und in dem Wok anbraten. Danach aus dem Wok nehmen und zur Seite stellen. Den Knoblauch schälen und hacken. 1 EL Öl in dem Wok erhitzen und den Knoblauch mit dem Brokkoli dünsten. Mit der Brühe und der Cremefine ablöschen. Mit Salz und Pfeffer abschmecken. Den Wok mit einem Deckel verschließen und alles für 5 Minuten garen lassen. Anschließend alles aus dem Wok nehmen. Das

restliche Öl darin erhitzen. Das übrige Sambal O-elek darin rösten. Den Sesam und den Honig hinzugeben. Danach das Hähnchen sowie den Brokkoli hinzugeben und mischen. Alles abschmecken und mit dem Reis servieren.

Gebratene Auberginen

Zutaten für 4 Portionen:

- 1 EL trockener Sherry
- 3 Auberginen
- 6 TL Essig
- 7 EL Öl
- 6 TL Sojasauce
- 1 ½ TL Knoblauch
- 6 TL Zucker

Zubereitung:

Die Auberginen in Stücke schneiden. In einem Wok 3 EL Öl erhitzen. Die Hälfte der Auberginen hinzugeben und anbraten. Diese anschließend zur Seite stellen. Danach wieder 3 EL Öl erhitzen und die restlichen Auberginen anbraten. Diese wieder aus dem Wok entfernen. Das restliche Öl erhitzen und den Knoblauch anbraten. Mit Sojasauce, Zucker, Sherry und Essig mischen. Alles aufkochen lassen. Die Auberginen hinzugeben und alles 3 Minuten köcheln lassen.

Thai-Curry mit Erdnuss und Paprika

Zutaten für 4 Portionen:

- 1 TL Zitronengraspaste
- 500 g Hähnchenbrustfilet
- 1 TL Palmzucker
- 2 EL Pflanzenöl
- 1 EL Fischsauce/1 EL Sojasauce
- 10 Maiskölbchen aus dem Glas
- 1 Ingwer/1 Glas Bambussprossen in Streifen
- 1 EL rote Currypaste
- 3 Frühlingszwiebeln
- 1 EL Erdnussbutter
- 2 rote Paprikaschoten
- 400 ml ungesüßte Kokosmilch
- 500 g Jasminreis
- 1 EL Thai-Basilikum

Zubereitung:

Das Fleisch in Streifen schneiden. Den Ingwer schälen und hacken. Die Paprikaschoten in Streifen schneiden. Die Frühlingszwiebeln ebenfalls in Streifen schneiden. Den Bambus abtropfen lassen. Den Mais halbieren. Das Fleisch mit Sojasauce, 1 EL Öl und dem Ingwer mischen. Für 30 Minuten ziehen lassen. In einem Wok das Fleisch anbraten und zur Seite stellen. Danach die Currypaste mit 1 EL Öl in dem Wok anbraten. Die Erdnussbutter untermischen. Mit der

Kokosmilch ablöschen. Danach das Gemüse hinzugeben und alles für 15 Minuten köcheln lassen. Den Reis nach Packungsanweisung zubereiten. Zum Schluss das Fleisch zu dem Gemüse geben und erwärmen. Alles mit dem Zucker, der Zitronengraspaste und der Fischsauce abschmecken. Vor dem Servieren mit dem Basilikum garnieren.

Mariniertes Hühnchen

Zutaten für 4 Portionen:

- 500 g Hühnchenfleisch ohne Knochen und ohne Haut
- Für die Marinade:
- 30 g geröstete Cashewkerne/Salz und Pfeffer/5 EL Hoi-Sin-Sauce/2 TL Reiswein
- ½ Bund Frühlingszwiebeln/½ Eiweiß
- 3 Knoblauchzehen/1 TL Speisestärke
- 1 EL Reiswein/2 TL Sesamöl

Zubereitung:

Das Eiweiß aufschlagen. Das Fleisch würfeln und mit Salz, Pfeffer, 2 TL Reiswein, dem Eiweiß sowie der Stärke mischen. Für 15 Minuten ziehen lassen. Danach das Sesamöl untermischen. Die Frühlingszwiebeln in Ringe schneiden. Dabei den weißen Teil und den grünen Teil trennen. Den Knoblauch schälen und hacken. 2 EL Öl in einem Wok erhitzen. Das Fleisch darin anbraten. Danach den restlichen Reiswein hinzugeben und mischen. Das Fleisch absieben und den Sud auffangen. Den Wok waschen und erneut erhitzen. Danach 1 EL Öl hineingeben und den Knoblauch sowie den weißen Teil der Frühlingszwiebeln anbraten. Anschließend die Hoi-Sin-Sauce hinzugeben und alles mischen. Das Fleisch hinzugeben. Mit den restlichen Frühlingszwiebeln und Cashewkernen garnieren.

Gebratener Schweinebauch

Zutaten für 4 Portionen:

- 1 Zitrone/1 kg Schweinebauch
- 1 Bund Frühlingszwiebeln
- Für die Marinade:
- 1 TL Salz/1 EL Sesamöl
- 1 TL chinesisches Fünf-Gewürz-Pulver
- 1 EL Öl/1 EL Pfeffersauce
- 3 EL Sojasauce/2 EL Honig
- 2 EL Reiswein
- 4 Knoblauchzehen
- 1 TL Ingwer

Zubereitung:

Alle Zutaten für die Marinade mischen. Das Fleisch würfeln und mit der Marinade mischen. Das Ganze für 2 Stunden im Kühlschrank ziehen lassen. In einem Wok Öl erhitzen und das Fleisch inklusive der Marinade anbraten. Die Frühlingszwiebeln in Röllchen schneiden. Die Zitrone achteln. Das Fleisch anrichten und mit der Zitrone sowie den Frühlingszwiebeln garnieren.

Gebratene Nudeln mit Ei und Hähnchen

Zutaten für 1 Portion:

- Öl/125 g Woknudeln
- Sesamöl/1 Handvoll Karotten in Streifen
- Salz und Pfeffer/1 Handvoll Sojasprossen
- 1 EL dunkle Sojasauce
- 1 Handvoll geschnittener Lauch
- ¼ TL Zucker
- 1 EL gehackte Zwiebel
- 80 g Hähnchenfleisch
- 1 Ei

Zubereitung:

Das Ei verquirlen. Wasser erwärmen und die Nudeln darin für 15 Minuten ziehen lassen. Die Nudeln abschütten. Das Fleisch würfeln und in Salzwasser kochen. Danach ebenfalls abschütten. In einem Wok Öl erhitzen. Das Ei darin anbraten und verrühren. Danach die Zwiebel hinzugeben und mitbraten. Den Lauch sowie die Karottenstreifen untermischen. Die Nudeln in den Wok geben und alles mit Salz, Sojasauce und Zucker abschmecken. Alles anbraten. Danach die Sprossen und das Fleisch untermischen. Vor dem Servieren mit dem Sesamöl und dem Pfeffer abschmecken.

Pak Choi mit Mie-Nudeln

Zutaten für 2 Portionen:

- Brauner Zucker/200 g Mie-Nudeln
- Sojasauce/400 g Pak Choi
- ½ TL Kurkuma
- 1 rote Paprikaschote
- 1 EL Currypaste
- 4 Lauchzwiebeln
- Chilischoten ohne Kerne
- 2 Knoblauchzehen
- Ingwer/Kokosöl
- Limettensaft
- 150 ml Kokosmilch

Zubereitung:

Die Nudeln nach Anweisung garen und abschütten. Das Pak Choi waschen und in Streifen schneiden. Die Paprikaschote entkernen, waschen und würfeln. Die Lauchzwiebeln waschen und in Ringe schneiden. Den Knoblauch schälen und würfeln. In einem Wok das Kokosöl erhitzen. Das Pak Choi mit der Paprika anbraten. Die Lauchzwiebeln mit der Chilischote, den Gewürzen, dem Knoblauch und dem Ingwer hinzugeben. Alles dünsten und mit der Kokosmilch ablöschen. Für 5 Minuten köcheln lassen. Die Nudeln in einer Pfanne anbraten und anschließend unter das Gemüse mischen. Vor dem Servieren mit der Sojasauce und dem Limettensaft abschmecken.

Scampi in Erdnusssauce

Zutaten für 4 Portionen:

- 1 gehäufter TL Kurkuma
- 250 g Basmatireis
- 3 EL helle Sojasauce
- 1 Pck. gefrorene Scampi
- 1 EL Fischsauce
- 3 Knoblauchzehen
- 200 ml Geflügelbrühe
- 1 Zwiebel
- 200 ml Kokosmilch
- 2 rote Paprikaschoten
- ½ Brokkoli
- 2 gelbe Paprikaschoten
- 3 Handvoll gefrorene grüne Bohnen
- 2 Möhren
- 2 EL crunchy Erdnussbutter
- Chilipulver
- 1 EL Thai-Currypulver
- Öl
- Speisestärke

Zubereitung:

Salzwasser aufkochen und den Reis 7-8 Minuten darin kochen. Danach abschütten und warmhalten. Die Scampi auftauen, den Darm entfernen und waschen. Den Brokkoli in Röschen teilen und mit den Bohnen für 5 Minuten in Salzwasser kochen. Danach abschrecken. In einem Wok Öl erhitzen. Die Möhren schälen und in Scheiben schneiden. Die Zwiebel schälen und achteln. Den Knoblauch schälen und hacken. Die Hälfte des Knoblauchs mit der Zwiebel und den Möhren anbraten. Die Paprika klein schneiden und mitbraten. Mit der Sojasauce und der Fischsauce ablöschen. Etwas Öl in einer Pfanne erhitzen und den restlichen Knoblauch mit den Scampi anbraten. Die Erdnussbutter mit der Kokosmilch und der Brühe in den Wok geben. Alles mischen und abschmecken. Die Scampi mit dem Öl in den Wok geben und aufkochen lassen. Die Speisestärke mit etwas Wasser mischen und die Sauce damit andicken. Die Bohnen sowie den Brokkoli untermischen und erwärmen. Zum Schluss mit dem Reis servieren.

Rotes Curry mit Hähnchen

Zutaten für 4 Portionen:

- 1 Bund süßes Thai-Basilikum
- 600 g Hähnchenbrustfilet
- 3 EL Palmzucker/1 rote Paprikaschote
- 1 EL Limettensaft/5 Frühlingszwiebeln
- 3 EL Fischsauce/1 Knoblauchzehe
- 2 EL rote Currypaste/4 Kafir-Limettenblätter/1 Dose Kokosmilch

Zubereitung:

Das Fleisch in Streifen schneiden. Die Paprika in Streifen schneiden. Die Frühlingszwiebeln klein schneiden. Die Kafir-Limettenblätter in Streifen schneiden. Den Knoblauch schälen und hacken. Das Basilikum waschen. In einem Wok 4-5 EL der abgesetzten Kokosmilch geben und für 1 Minute unter Rühren aufkochen. Danach die Currypaste untermischen. Alles aufkochen lassen. Danach die Kafir-Limettenblätter sowie den Knoblauch hinzugeben und erhitzen. Mit der restlichen Kokosmilch ablöschen und aufkochen lassen. Alles für 15 Minuten köcheln lassen. Danach mit dem Limettensaft, dem Zucker und der Fischsauce abschmecken. Das Fleisch in den Wok geben und alles nochmals für 5 Minuten köcheln lassen. Die Paprika und Frühlingszwiebeln unterrühren. 5 Minuten köcheln lassen. Danach das Basilikum unterrühren und anrichten.

Rindfleisch mit Nudeln und Sprossen

Zutaten für 1 Portion:

- Salz und Pfeffer
- 200 g Udon-Nudeln
- 1 EL Austernsauce/130 g Rindfleisch
- 1 Schalotte/1 Handvoll Sojasprossen
- 2 Scheiben Ingwerwurzel
- 1 Handvoll Chinakohl
- 1 Knoblauchzehe
- 5 g getrocknete Mu-Err-Pilze

Zubereitung:

Wasser aufkochen und die Pilze darin einweichen. Danach die Pilze in Streifen schneiden. Wieder Wasser aufkochen und die Nudeln damit übergießen. Die Nudeln für 2-3 Minuten ziehen lassen. In einem Wok Öl erhitzen. Den Knoblauch schälen und hacken. Den Ingwer hacken. Den Chinakohl in Streifen schneiden. Das Rindfleisch in Scheiben schneiden. Die Schalotten klein schneiden. Den Ingwer mit dem Knoblauch und den Schalotten anbraten. Danach das Fleisch hinzugeben und mitbraten. Anschließend die Pilze hinzugeben und alles mit Salz abschmecken. Die Nudeln hinzugeben und alles anbraten. Danach den Chinakohl, die Austernsauce, 2-3 EL Wasser, Sojasauce und die Sprossen hinzugeben. Alles nochmals abschmecken.

Curry mit Süßkartoffeln und Früchten

Zutaten für 4 Portionen:

- Paprikapulver
- 1 Bund Frühlingszwiebeln
- Cayennepfeffer/2 Knoblauchzehen
- Kurkuma/½ TL gehackter Ingwer
- Currypulver/½ Tasse Orangensaft
- Salz und Pfeffer /1 Tasse Gemüsebrühe
- Koriander/1 Stängel Zitronengras
- 1 TL thailändische Currypaste
- 500 ml Kokosmilch/Sesamöl
- 2 Möhren/1 Ananas
- 2 Süßkartoffeln/1 Paprikaschote
- Koriandergrün/Paprikapulver
- Cashewnüsse

Zubereitung:

Die Frühlingszwiebeln in Ringe schneiden. In einem Wok das Sesamöl erhitzen und die Frühlingszwiebeln anbraten. Den Knoblauch schälen, hacken und hinzugeben. Danach den Ingwer sowie die Currypaste untermischen. Alles mit dem Orangensaft ablöschen. Danach die Gemüsebrühe unterrühren. Das Zitronengras zerdrücken und mit Salz sowie Pfeffer untermischen. Danach die Kokosmilch unterrühren und alles für 5 Minuten kochen lassen. Die Paprika und die Möhren in Stifte schneiden. Die Süßkartoffeln schälen und ebenfalls in Stifte schneiden. Alles in den Wok geben und für 10 Minuten köcheln lassen. Mit den Gewürzen abschmecken. Die Ananas in Würfel schneiden und ebenfalls hinzugeben. Vor dem Servieren mit dem Koriandergrün und den Cashewnüssen garnieren.

Scharfe Bohnen mit Rindfleisch

Zutaten für 4 Portionen:

- 5 EL Öl
- 400 g Rindfleisch
- 3 EL Zucker
- 6 EL Sojasauce
- 3 Stängel Zitronengras
- ½ TL Pfeffer
- 2 EL Fischsauce/400 g grüne Bohnen
- 2 EL rote Currypaste

Zubereitung:

Das Fleisch in Streifen schneiden. 3 EL Sojasauce mit Pfeffer mischen. Das Fleisch im Kühlschrank für 1 Stunde ziehen lassen. Die Bohnen waschen und in Stücke schneiden. Wasser aufkochen und die Bohnen für 8 Minuten blanchieren. Danach abschrecken. Das Zitronengras hacken. Die restliche Sojasauce mit Zucker, der Currypaste, dem Zitronengras sowie der Fischsauce mischen. In einem Wok Öl erhitzen und das Fleisch anbraten. Danach die Bohnen bei geringer Hitze untermischen. Mit der Sojasaucen-Zitronengras-Mischung ablöschen. Vor dem Servieren für 1 Minute dünsten.

Pute mit Ajvar

Zutaten für 4 Portionen:

- Paprikapulver
- 500 g Putenbrust
- Salz und Pfeffer
- 1 rote Paprikaschote/Saucenbinder
- 1 gelbe Paprikaschote/250 ml Gemüsebrühe
- 3 grüne Paprikaschoten
- 1 EL Olivenöl
- 3 Zwiebeln
- 1 Becher Sahne
- 750 g Champignons
- 1 Becher Créme fraîche
- 6 EL scharfes Ajvar

Zubereitung:

Die Zwiebel schälen und würfeln. Das Fleisch in Würfel schneiden. Die Paprikaschoten klein schneiden. Die Champignons halbieren. In einem Wok Öl erhitzen. Die Zwiebeln darin anbraten. Danach das Fleisch hinzugeben. Zum Schluss die Paprika und die Pilze hinzugeben. Alles mit den Gewürzen abschmecken. Danach mit der Gemüsebrühe ablöschen und das Créme fraîche untermischen. Die Sahne sowie das Ajvar einrühren. Alles für 10 Minuten köcheln lassen und abschmecken. Die Sauce bei Bedarf mit dem Saucenbinder andicken.

Hähnchen in Erdnuss-Kokos-Sauce mit Gemüse

Zutaten für 3 Portionen:

- Öl
- 400 g Hähnchenbrustfilet
- Koriandergrün/1 Zucchini
- 2 EL Erdnussbutter/1 rote Spitzpaprika
- ½ Dose Kokosmilch
- 1 Knoblauchzehe
- Salz und Pfeffer
- 1 cm Ingwer
- 1 Peperoni

Zubereitung:

Das Fleisch und die Paprika klein schneiden. Den Knoblauch, den Ingwer und die Peperoni würfeln. Die Zucchini in der Länge halbieren und in Scheiben schneiden. In einem Wok Öl erhitzen und das Fleisch mit der Zucchini anbraten. Danach den Ingwer, den Knoblauch und die Peperoni hinzugeben. Alles mit Salz und Pfeffer würzen. Anschließend die Paprika hinzugeben und anbraten. Mit der Kokosmilch ablöschen und die Erdnussbutter einrühren. Vor dem Servieren mit dem Koriander garnieren.

Gebratener Tofu mit Kokosmilch und Basmatireis

Zutaten für 3 Portionen:

- Basmatireis
- 400 g Tofu/3 EL Olivenöl
- 1 Stängel Lauch/Chiliflocken
- 5 Karotten/8 EL Sojasauce
- 1 Zwiebel
- 1 gehäufter TL Gemüsebrühe
- 1 Dose Kokosmilch
- 1 gestrichener EL Currypulver

Zubereitung:

Den Tofu würfeln. Die Sojasauce mit dem Currypulver und 100 ml Kokosmilch mischen. Darin den Tofu für 30 Minuten marinieren. Den Reis nach Packungsanweisung kochen. Den Lauch waschen und in Ringe schneiden. Die Zwiebel schälen und hacken. Die Karotten schälen und in Streifen schneiden. Die Paprika entkernen, waschen und in Streifen schneiden. In einem Wok Olivenöl erhitzen. Die Zwiebeln darin anschwitzen. Danach den Tofu ohne Marinade hinzugeben und anbraten. Die Karotten sowie die Paprika hinzugeben und für 2-3 Minuten anbraten. Den Lauch untermischen. Mit der restlichen Kokosmilch sowie der Marinade ablöschen. Mit den Chiliflocken und der Gemüsebrühe abschmecken. Alles für 5 Minuten köcheln lassen.

Curry mit Kichererbsen und Kartoffeln

Zutaten für 3 Portionen:

- 200 ml Kokosmilch
- 400 g Kartoffeln
- 2 EL Tomatenmark
- 250 g Karotten
- Salzwasser
- 1 TL Salz
- 120 g gekochte Kichererbsen
- ½ TL Harissa-Paste
- 140 g gekochter Mais
- 2 EL Currypulver
- 250 g passierte Tomaten

Zubereitung:

Die Karotten und die Kartoffeln schälen. Beides in Würfel schneiden. Salzwasser aufkochen und die Karotten sowie die Kartoffeln darin für 10 Minuten garen. Einen Wok erhitzen und die Kichererbsen, die Kartoffeln, den Mais und die Karotten darin anbraten. Mit Tomatenmark, Harissa-Paste und Currypulver mischen. Danach die passierten Tomaten einrühren und alles mit Salz abschmecken. Das Ganze für 10 Minuten köcheln lassen. Anschließend die Kokosmilch hinzugeben und für weitere 5 Minuten köcheln lassen. Vor dem Servieren mit Salz abschmecken.

Rindfleisch nach chinesischer Art mit Gemüse

Zutaten für 4 Portionen:

- Salz und Pfeffer
- 250 g mageres Rindfleisch
- 5 EL Fleischbrühe/1 EL Cognac
- 1 TL Speisestärke
- 3 EL salzige Sojasauce
- 2 EL trockener Sherry
- 1 TL Backpulver
- 4 EL neutrales Öl
- ½ Eiweiß
- 1 walnussgroßer Ingwer
- 1 grüne Paprikaschote
- 1 Knoblauchzehe
- 1 Gemüsezwiebel
- 1 Frühlingszwiebel
- 2 rote getrocknete Chilischoten

Zubereitung:

Das Fleisch schnetzeln. Das Eiweiß halb schlagen. Danach mit dem Cognac, dem Backpulver, der Sojasauce und der Stärke mischen. Das Fleisch darin für einen halben Tag ziehen lassen. Die Chilischote und die Frühlingszwiebel in Ringe schneiden. Die Zwiebel schälen, vierteln und in die einzelnen Schichten zerteilen. Die Paprika in Spalten schneiden. In einem Wok Öl erhitzen. Das Fleisch ohne die Marinade anbraten. Danach aus dem Wok nehmen und die Zwiebeln in dem Fett anbraten. Anschließend das Gemüse hinzugeben und mitbraten. Danach das Fleisch hinzugeben. Die Sojasauce mit der Stärke, dem Sherry und der Brühe mischen. Mit Pfeffer würzen. Alles in den Wok geben und aufkochen lassen. Zum Schluss mit Reis anrichten.

Pute mit Zuckerschoten und Nudeln

Zutaten für 4 Portionen:

- Asiatischer Schnittlauch
- 1 Zwiebel
- 1-2 EL Limettensaft
- 1 rote Chilischote
- 1-2 EL Sojasauce
- 300 g Zuckerschoten
- 1 TL Zucker
- 1 rote Paprikaschote
- 1 EL Öl
- 1 Glas Maiskölbchen
- 2 EL Sesamsamen
- 400 g Putenfilet
- 1 EL Sesamöl
- Salz und Pfeffer
- 100 g asiatische Nudeln
- 1 EL Speisestärke

Zubereitung:

Die Zwiebel schälen und würfeln. Die Chilischote entkernen, waschen und würfeln. Die Zuckerschoten waschen und halbieren. Die Paprika entkernen, waschen und klein schneiden. Die Maiskolben abtropfen lassen und klein schneiden. Das Fleisch in Streifen schneiden und mit Salz sowie Pfeffer würzen. Danach das Fleisch in der Stärke mischen. Salzwasser aufkochen und die Nudeln für 5 Minuten garen. Die

Zuckerschoten nach 4 Minuten hinzugeben. Alles abschütten. Danach mit dem Sesamöl mischen. In einem Wok ohne Öl den Sesam rösten und zur Seite stellen. In dem Wok Öl erhitzen und das Fleisch von allen Seiten anbraten. Danach wieder aus dem Wok nehmen und die Chilischote sowie die Zwiebeln in dem Fett dünsten. Mit Zucker bestreuen. Danach den Mais und die Paprika hinzugeben. Alles anbraten. Das Fleisch, die Nudeln und die Zuckerschoten hinzugeben und alles anbraten. Danach mit Limettensaft und Sojasauce abschmecken. Vor dem Servieren mit dem Sesam und dem Schnittlauch garnieren.

Schafskäse mit Gemüse

Zutaten für 4 Portionen:

- 1 Orangene Chilischote
- 1 Glas eingelegter und gewürfelter Feta
- 3-4 EL Sojasauce
- 200 g Lauchzwiebeln
- Salz und Pfeffer
- 1 Chinakohl
- 150 ml Asia Gewürz Sauce süß-sauer
- 2 Knoblauchzehen
- 200 g tiefgefrorene Erbsen
- 2-3 EL Öl

Zubereitung:

Den Feta abschütten. Die Lauchzwiebeln waschen und in Stücke schneiden. Den Chinakohl waschen und in Streifen schneiden. Die Chilischote entkernen, waschen und in Ringe schneiden. Den Knoblauch schälen und hacken. In einem Wok Öl erhitzen und das Gemüse anbraten. Mit der Brühe ablöschen. Danach die süß-saure Sauce hinzugeben. Alles mit der Sojasauce, Salz und Pfeffer abschmecken. Für 3-5 Minuten dünsten. Zum Schluss den Feta untermischen.

Brokkoli mit Steak und Nüssen

Zutaten für 4 Portionen:

- 2 EL Cashewkerne
- 500 g Schweineschnitzel
- 1 TL Speisestärke
- 750 g Brokkoli
- Salz und Pfeffer
- 2 EL Öl
- 1 TL Sambal Oelek
- 4 EL Weißwein
- 2 EL Sojasauce

Zubereitung:

Das Fleisch in Streifen schneiden. Den Brokkoli in Röschen teilen. In einem Wok das Öl erhitzen und das Fleisch darin anbraten. Danach den Brokkoli hinzugeben und alles dünsten. Mit dem Weißwein sowie der Sojasauce alles ablöschen und garen. Mit Salz, Pfeffer und Sambal Oelek abschmecken. Die Stärke mit Wasser mischen und die Sauce damit andicken. Vor dem Servieren mit den Cashewkernen garnieren.

Gebratenes Gemüse mit Reisnudeln

Zutaten für 4 Portionen:

- Frittierfett/1 Stange Lauch
- 80 g Reisnudeln/3 Möhren
- Sambal Oelek
- 2 rote Paprikaschoten
- Salz/2 Pak Choi
- 4 EL Sojasauce/250 g Champignons
- 1 EL Sesamöl/1 EL Sesamsaat
- 1 EL Öl

Zubereitung:

Den Lauch waschen und in Scheiben schneiden. Die Möhren schälen und ebenfalls in Scheiben schneiden. Die Paprika waschen und würfeln. Das Pak Choi waschen und die Blätter in Streifen schneiden. Die Champignons waschen und in Scheiben schneiden. In einem Wok ohne Fett den Sesam rösten und zur Seite stellen. In demselben Wok Öl erhitzen. Die Möhren anbraten. Danach die Champignons, die Paprika und das Pak Choi hinzugeben. Alles anbrate. Mit dem Sesamöl, dem gerösteten Sesam und der Sojasauce mischen. Alles mit Salz und Sambal Oelek abschmecken. Die Reisnudeln für 10 Sekunden in dem Frittierfett frittieren und auf einem Küchenpapier abtropfen lassen. Alles nochmals mit Salz abschmecken. Das Gemüse mit den frittierten Nudeln servieren.

Fruchtiges Hähnchenfilet

Zutaten für 4 Portionen:

- Limettensaft/1 rote Paprikaschote
- 2 EL Sojasauce/1 gelbe Paprikaschote
- Curry/1 grüne Paprikaschote
- Getrocknete Chilischote
- 300 g Hähnchenfilet
- 2 EL Sesamöl/2 Lauchzwiebeln
- 1 EL Sonnenblumenöl
- 1 Kolben Chicorée
- Salz und Pfeffer/1 Kiwano
- 1 walnussgroßer Ingwer/1 Mango

Zubereitung:

Die Paprika waschen und in Streifen schneiden. Das Fleisch würfeln. Die Lauchzwiebeln sowie den Chicorée waschen. Den Lauch halbieren. Die Chicoréeblätter klein schneiden. Die Kiwano schälen. Die Mango schälen und das Fruchtfleisch in Streifen schneiden. Den Knoblauch und den Ingwer schälen. Beides hacken. Das Fleisch mit Salz und Pfeffer würzen. In einem Wok Öl erhitzen. Das Fleisch darin anbraten. Danach das Sesamöl hinzugeben und den Ingwer sowie den Knoblauch hinzugeben. Alles dünsten und die restlichen Zutaten hinzugeben. Das Ganze für weitere 5 Minuten garen. Vor dem Servieren mit Sojasauce, Limettensaft, Salz, Curry und der Chilischote abschmecken.

Hähnchen mit Reis und Erdnuss-Mais

Zutaten für 4 Portionen:

- Sojasauce
- 300 g Brokkoli/Sambal Oelek
- 150 g kleine Maiskölbchen
- 2 EL Öl/Salz
- 250 g Basmatireis/2 rote Paprikaschoten
- 400 g Hähnchenfilet
- 1 Bund Lauchzwiebeln
- 300 g Möhren

Zubereitung:

Den Brokkoli waschen und in Röschen teilen. Den Mais waschen und halbieren. Beides in Salzwasser für 5 Minuten garen. Danach abschütten. Die Paprika waschen und in Streifen schneiden. Den Lauch waschen und klein schneiden. Die Möhren waschen und in Scheiben schneiden. Das Fleisch in Streifen schneiden. Salzwasser aufkochen und den Reis nach Anweisung kochen. In einem Wok Öl erhitzen. Das Fleisch für 5 Minuten anbraten. Danach das Gemüse hinzugeben und alles für 3 Minuten braten. Mit Sambal Oelek sowie Salz abschmecken. Das Ganze mit 200 ml Wasser ablöschen. Danach die Erdnussbutter einrühren und aufkochen lassen. Mit der Sojasauce ablöschen. Den Reis abschütten und mit dem Fleisch sowie dem Erdnussgemüse anrichten.

Scharfes Hähnchen mit Zucchini und Erdnüssen

Zutaten für 4 Portionen:

- 75 g geröstete und gesalzene Erdnüsse
- 100 ml Öl
- 150 g Schalotten
- 1-2 EL Sambal Oelek
- 650 g Zucchini
- 2 EL Zitronensaft
- 500 g Hähnchenfilet
- 25 g gefrorene italienische Kräuter
- Salz

Zubereitung:

Den Zitronensaft mit dem Öl und dem Sambal Oelek mischen. Mit den Kräutern und Salz würzen. Das Hähnchen würfeln und in der Mischung für 2 Stunden marinieren. Die Zucchini waschen und in Scheiben schneiden. Die Schalotten schälen und halbieren. Das Fleisch aus der Marinade nehmen. In einem Wok 4-6 EL der Marinade erhitzen. Das Fleisch hinzugeben und für 8 Minuten anbraten. Danach die Schalotten hinzugeben und für 5 Minuten garen. Zum Schluss die Zucchini sowie die Erdnüsse untermischen. Alles nochmals anbraten, abschmecken und servieren.

Kartoffeln mit Bohnen

Zutaten für 4 Portionen:

- Salz und Pfeffer
- 250 ml instant Gemüsebrühe
- 3 EL Balsamessig
- 300 g gefrorene junge Brechbohnen
- 2 EL Olivenöl
- 300 g gefrorene dicke Bohnen
- 650 g Kartoffeln
- 100 g rote Linsen
- Einige Majoranstiele

Zubereitung:

In einem Wok die Brühe aufkochen. Darin die Bohnen für 15 Minuten garen. Die Linsen waschen und nach 5 Minuten mit in den Wok geben. Die Kartoffeln schälen und würfeln. Die Bohnen und die Linsen aus dem Wok nehmen und Öl darin erhitzen. Die Kartoffeln darin anbraten und mit Salz würzen. Danach das Gemüse hinzugeben und alles nochmals erhitzen. Die Majoranblättchen abzupfen und untermischen. Alles nochmals mit Salz, Pfeffer und Essig abschmecken. Danach anrichten und servieren.

Putenrouladen mit Reis

Zutaten für 4 Portionen:

- 8 Holzspießchen/4 Putenschnitzel
- Schnittlauch/8 Scheiben Frühstücksspeck
- Salz und Pfeffer/8 getrocknete Backpflaumen
- 1 Apfel/4 EL Öl
- 1 Bund Lauchzwiebeln
- 150 g Klebereis
- 300 ml Geflügelfond
- 2 EL Curry
- 1 TL eingelegter grüner Pfeffer

Zubereitung:

Die Schnitzel in der Länge halbieren und mit je einer Scheibe Speck sowie einer Pflaume belegen. Die Schnitzel aufrollen und mit einem Spieß fixieren. Danach mit Pfeffer würzen. In einem Wok Öl erhitzen. Die Rouladen darin für 10 Minuten von allen Seiten anbraten und wieder aus dem Wok nehmen. Bis auf 1 EL Öl den Wok entleeren und den Reis darin mit dem Curry dünsten. Danach den grünen Pfeffer hinzugeben und mit dem Geflügelfond ablöschen. Den Reis unter rühren für 10 Minuten quellen lassen. Die Lauchzwiebel waschen und klein schneiden. Den Apfel waschen, entkernen und klein schneiden. Die Lauchzwiebel und den Apfel zu dem Reis geben. Danach die Rouladen hinzugeben und alles abschmecken. Zum Servieren mit dem Schnittlauch garnieren.

Sehr scharfes Schwein mit Brokkoli und Pilzen

Zutaten für 5 Portionen:

- 750 g Brokkoli/Salz und Pfeffer
- 750 g Schweinefilet/100 g Cashewkerne
- 350 g Möhren/150 ml instant Gemüsebrühe
- 1-2 Knoblauchzehen/1-2 TL Sambal Oelek
- 400 g Champignons
- 4-6 EL Sojasauce
- 2 rote Chilischote
- 3-4 EL Sojaöl

Zubereitung:

Den Brokkoli waschen und in Röschen teilen. Salzwasser aufkochen und den Brokkoli für 4-5 Minuten garen. Danach abschütten. Das Fleisch in Scheiben schneiden. Die Möhren waschen und in Scheiben schneiden. Den Knoblauch schälen und hacken. Die Champignons waschen und halbieren. Die Chilischoten entkernen, waschen und klein schneiden. In einem Wok Öl erhitzen. Das Fleisch darin anbraten und mit Sojasauce mischen. Das Fleisch aus dem Wok nehmen und zur Seite stellen. Den Brokkoli mit den Champignons, den Möhren und dem Knoblauch im Wok anbraten. Danach eine Chilischote, Sojasauce, Sambal Oelek sowie die Brühe hinzugeben. Alles für 5 Minuten dünsten. In einer Pfanne ohne Fett die Cashewkerne rösten. Das Fleisch zu dem Gemüse geben und nochmals mit Salz, Pfeffer sowie Sojasauce abschmecken. Mit den Cashewkernen bestreuen und zum Servieren mit der restlichen Chilischote garnieren.

Nuss-Rindfleisch mit Nudeln und Gemüse

Zutaten für 4 Portionen:

- 150 ml Gemüsefond/750 g Brokkoli
- 1 EL Sambal Oelek/500 g bunte Paprikaschoten
- 6-8 EL süße Sojasauce/400 g Rindersteak
- 100 g Cashewkerne
- 200 g japanische Weizenmehlnudeln
- Salz und Pfeffer
- 2 EL Sojaöl

Zubereitung:

Das gesamte Gemüse waschen. Den Brokkoli in Röschen teilen. Die Paprika in Streifen schneiden. Das Fleisch in Streifen schneiden. Salzwasser aufkochen und die Nudeln nach Packungsanweisung kochen. In einem Wok Öl erhitzen. Das Fleisch für 2-3 Minuten anbraten. Danach mit Salz und Pfeffer würzen. Anschließend die Cashewkerne hinzugeben und mitrösten. Alles aus dem Wok nehmen und das Gemüse in dem Fett für 3 Minuten anbraten. Das Gemüse mit Sambal Oelek, Sojasauce und Salz abschmecken. Mit dem Gemüsefond ablöschen und aufkochen lassen. Das Fleisch mit den Nüssen zurück in den Wok geben und erwärmen. Alles nochmals abschmecken und mit den Nudeln servieren.

Curry mit Bohnen, Hähnchen und Kokosmilch

Zutaten für 2 Portionen:

- 1-2 TL rote Currypaste
- 500 g Prinzessbohnen
- 1 Dose Kokosmilch
- 250 g Wachsbohnen
- 2 EL Sesamsaat
- Salz und Pfeffer
- 500 g Möhren
- 2 EL Öl
- 1 Dose Kidneybohnen
- 300 g Hähnchenfilet

Zubereitung:

Die Bohnen waschen und klein schneiden. Salzwasser aufkochen und die Bohnen darin für 20 Minuten garen. Danach abschütten. Die Möhren schälen und in Streifen schneiden. Die Kidneybohnen abtropfen lassen. Das Fleisch in Streifen schneiden. In einem Wok Öl erhitzen und das Fleisch darin anbraten. Das Fleisch mit Salz und Pfeffer würzen. Die Möhren hinzugeben und mit Salz anbraten. Anschließend den Sesam sowie die Bohnen für 2 Minuten mitbraten. Alles mit der Kokosmilch ablöschen und die Currypaste untermischen. Danach die Kidneybohnen hinzugeben. Alles für 2 Minuten kochen lassen. Vor dem Servieren abschmecken.

Schnitzel aus dem Wok mit Reis

Zutaten für 2 Portionen:

- 1 TL Öl/100 g Basmatireis
- 1-2 EL Sojasauce/100 g Möhren
- 1-2 EL asiatische Chilisauce
- 1 rote Paprikaschote/50 g Sojasprossen
- 1 gelbe Paprikaschote/½ Topf Koriander
- 100 g Zuckerschoten/2 Chilischoten
- 2 Hähnchenfilets/1 EL Sesamöl
- Frischhaltefolie/Pfeffer

Zubereitung:

Salzwasser aufkochen und den Reis nach Anweisung kochen. Die Möhren schälen und in Scheiben schneiden. Die Paprika waschen und in Stücke schneiden. Die Zuckerschoten waschen. Das Fleisch in Scheiben schneiden. Das Fleisch flachklopfen. In einem Wok das Öl erhitzen. Die Paprika mit den Zuckerschoten und den Möhren für 4-5 Minuten anbraten. Die Chilischoten waschen. Eine Chilischote hacken. Den Koriander waschen und hacken. Die Sojasprossen waschen. Die gehackte Chilischote mit der Sojasauce, der Chilisauce und den Sprossen mischen und in den Wok geben. Alles braten. Danach den Koriander untermischen. Alles abschmecken. Das Gemüse aus dem Wok nehmen. Den Reis abschütten. 1 TL Öl in dem Wok erhitzen. Die Schnitzel mit Salz sowie Pfeffer würzen und in dem Wok anbraten. Danach die restliche Chilischote hinzugeben und mitbraten. Alles anrichten und mit der Chilischote garnieren.

Gemischtes Fleisch mit Gemüse

Zutaten für 5 Portionen:

- 3-4 Möhren
- 2 rote Chilischoten
- 1 Bund Lauchzwiebeln
- 20 g Ingwer
- 3 bunte Paprikaschoten
- 1 Limette
- 250 g Brokkoli
- 2 EL trockener Sherry
- 300 g Hähnchenfilet
- 6-16 EL Sojasauce
- 300 g Schweinefilet
- 1 EL flüssiger Honig
- 1 EL Sesamsamen
- 8-10 EL Öl
- Salz und Pfeffer
- 1 Chinakohl
- 1 EL Curry
- 100 g gefrorene Erbsen
- 50 g Cashewkerne
- 100 g Austernpilze
- 100 g Champignons
- Limette
- 4-6 EL süß-saure Asia Sauce
- Chili

Zubereitung:
Die Chilischote entkernen und hacken. Den Ingwer schälen und reiben. Die Limette waschen und die Schale abreiben. Danach die Limette auspressen. Die Limettenschale mit dem Saft, der Chilischote, dem Sherry, dem Ingwer, dem Sesam, 8 EL Sojasauce sowie 4 EL Öl und dem Honig mischen. Das Fleisch in Streifen schneiden und in der Marinade für 1 Stunde ziehen lassen. Den Brokkoli waschen und in Rösschen teilen. Die Paprikaschoten waschen und klein schneiden. Die Lauchzwiebel waschen und in Stücke schneiden. Die Möhren schälen und in Stifte schneiden. Den Chinakohl waschen und in Streifen schneiden. Die Erbsen auftauen. Die Pilze waschen und klein schneiden. Das Fleisch mit dem Gemüse separat anrichten und mit den Limetten garnieren. In einem Wok 4-6 EL Öl erhitzen. Das Fleisch mit dem Gemüse portionsweise darin anbraten und mit der Sojasauce, Curry, Salz, Pfeffer, Cashewkernen und der Asia Sauce abschmecken.

Gebratener Reis mit Lachs und Gemüse

Zutaten für 4 Portionen:

- 3 Eier/500 g Seelachsfilet
- Salz und Pfeffer/TL Wasabi-Paste
- 3 EL Öl/8 EL Sojasauce
- 2 EL Speisestärke/150 g Basmatireis
- 250 g Champignons/1 rote Paprikaschote
- 500 g Brokkoli

Zubereitung:

Den Fisch waschen und würfeln. 6 EL Sojasauce mit der Wasabi-Paste mischen. Damit den Fisch beträufeln und für 1 Stunde im Kühlschrank marinieren. Salzwasser aufkochen und den Reis nach Anweisung garen. Die Paprika waschen und in Streifen schneiden. Den Brokkoli waschen und in Röschen teilen. Die Pilze waschen und vierteln. Den Reis abschütten. Den Fisch in der Speisestärke wenden. In einem Wok 2 EL Öl erhitzen. Den Fisch anbraten und auf einem Küchenpapier abtropfen lassen. Wieder 1 EL Öl in dem Wok erhitzen und den Brokkoli darin für 3-4 Minuten anbraten. Danach die Pilze und die Paprika hinzugeben. Alles anbraten und den Reis für 2 Minuten mitbraten. Das Ganze mit Salz und Pfeffer abschmecken. Die Eier mit 2 EL Sojasauce mischen und zu dem Gemüse geben. Das Ei stocken lassen und den Fisch unterheben.

Nudelsuppe

Zutaten für 4 Portionen:

- Sojasauce
- 200 g Räuchertofu
- 100 g japanische gedrehte Weizenmehl-nudeln
- 300 g Staudensellerie
- 2 EL Instant Gemüsebrühe
- 1 Glas Maiskölbchen
- 1 EL Tomatenmark/1 rote Chilischote
- 2 EL Öl/1 Knoblauchzehe/30 g Ingwer

Zubereitung:

Den Tofu würfeln. Den Sellerie waschen und in Scheiben schneiden. Den Mais abtropfen und klein schneiden. Die Chilischote entkernen, waschen und hacken. Den Knoblauch sowie den Ingwer schälen und würfeln. In einem Wok Öl erhitzen. Den Tofu darin anbraten und zur Seite stellen. In dem Fett die Chilischote, den Ingwer und den Knoblauch anbraten. Danach das Tomatenmark anrösten und mit 1 l Wasser ablöschen. Alles aufkochen und die Brühe untermischen. Den Sellerie hinzugeben und für 10 Minuten köcheln lassen. Die Nudeln nach 5 Minuten hinzugeben. Den Mais sowie den Tofu hinzugeben und die Suppe mit der Sojasauce abschmecken. Vor dem Servieren die Suppe mit etwas Koriander bestreuen.

Blumenkohl-Curry

Zutaten für 4 Portionen:

- 2-3 TL gelbe Currypaste/700 g Blumenkohl
- 1 Dose Kokosmilch/2 rote Paprikaschoten
- 1 EL Öl/1 Bund Lauchzwiebeln
- Salz/1 Limette
- 200 g Basmatireis
- 400 g Hähnchenfilet

Zubereitung:

Zuerst den Blumenkohl waschen und in Röschen teilen. Die Paprika entkernen, waschen und würfeln. Die Lauchzwiebeln waschen und klein schneiden. Die Limette waschen und die Schale abreiben. Das Fleisch würfeln. Salzwasser aufkochen und den Reis nach Anweisung kochen. In einem Wok Öl erhitzen. Darin das Fleisch von allen Seiten anbraten und zur Seite stellen. In dem Fett den Blumenkohl, die Paprika und die Limette anbraten. Das Ganze mit 250 ml Wasser sowie der Kokosmilch ablöschen. Anschließend die Currypaste einrühren und alles für 5 Minuten köcheln lassen. Die Lauchzwiebeln und das Fleisch wieder in den Wok geben und alles nochmals für 5 Minute köcheln lassen. Den Reis abschütten und zusammen mit dem Curry anrichten.

Schwein mit Nüssen und Reis

Zutaten für 4 Portionen:

- Koriander/1 Stange Porree
- Gemahlener Koriander/200 g Champignons
- Gemahlener Ingwer/2 Möhren
- Salz und Pfeffer
- 500 g Weißkohl/4 EL Sojasauce
- 200 g Mungosprossen/2 EL Sesamöl
- 2 Knoblauchzehen/5 EL Cashewkerne
- 200 g Basmatireis/400 g Schweineschnitzel

Zubereitung:

Den Porree In Streifen schneiden. Die Pilze in Scheiben schneiden. Die Möhren schälen und in Stücke schneiden. Den Kohl in Streifen schneiden. Die Sprossen waschen. Den Knoblauch schälen. Den Reis nach Anweisung zubereiten. Das Fleisch in Streifen schneiden. In einem Wok ohne Fett die Cashewkerne anrösten und zur Seite stellen. In demselben Wok Öl erhitzen und das Fleisch anbraten. Danach die Möhren hinzugeben und mitbraten. Anschließend das restliche Gemüse untermischen und den Knoblauch dazu pressen. Alles verrühren und mit Salz, Pfeffer, Koriander, Ingwer und Sojasauce abschmecken. Alles für 3 Minuten braten lassen und mit dem Reis anrichten.

Fruchtig gebratenes Gemüse

Zutaten für 4 Portionen:

- 40 g geröstete Erdnusskerne
- 400 g Weißkohl/Salz und Pfeffer
- 3 Möhren/1 gestrichener TL Speisestärke
- 1 Stange Lauch/3 EL Sojasauce
- 1 Dose Ananas-Dessertstücke
- 1 TL Sambal Oelek

Zubereitung:

Den Kohl zuerst waschen und in Streifen schneiden. Die Möhren schälen und in Stifte schneiden. Den Lauch waschen und in Ringe schneiden. Die Ananas abtropfen lassen und dabei den Saft auffangen. In einem Wok Öl erhitzen. Den Kohl sowie die Möhren darin anbraten. Danach den Lauch und die Hälfte der Ananas hinzugeben. Alles mischen. 6 EL Ananassaft mit Sambal Oelek, 6 EL Wasser, der Stärke und der Sojasauce mischen. Die Mischung zu dem Kohl geben und aufkochen lassen. Alles mit Salz und Pfeffer würzen. Das Gemüse anrichten. Die Erdnüsse hacken und über dem Gemüse garnieren.

Hähnchen mit Tomaten und Reis

Zutaten für 4 Portionen:

- Salz und Pfeffer
- 2 gekochte und ausgelöste Hähnchenfilets
- 3-4 EL Sojasauce/1 Zwiebel/1 haselnussgroßer Ingwer
- 1 Knoblauchzehe
- 100 g Mungobohnenkeimlinge
- 4 EL Öl/75 g Zuckerschoten
- 1 Dose Kirschtomaten
- 125 g Mini-Maiskölbchen
- 100 ml Orangensaft/1 rote Paprikaschote
- 1 EL Tomatenmark/200 g Basmatireis
- 2-3 TL Zucker/1-2 TL Sambal Oelek

Zubereitung:

Zuerst das Fleisch in Scheiben schneiden. Die Zwiebel und den Knoblauch schälen. Beides in Würfel schneiden. In einem Wok 1 EL Öl erhitzen. Darin den Knoblauch mit der Zwiebel dünsten. Das Ganze mit dem Orangensaft und den Tomaten ablöschen und aufkochen lassen. Anschließend 2-3 TL Zucker, das Tomatenmark und Sambal Oelek einrühren. Alles nochmals 5 Minuten köcheln lassen und mit Salz abschmecken. Salzwasser aufkochen und den Reis nach Anweisung kochen. Die Tomaten aus dem Wok entfernen und warmhalten. Die Paprika waschen und in Streifen schneiden. Den Mais wachen und in der Länge halbieren. Die Zuckerschoten waschen und in Stücke schneiden. Die Keimlinge waschen. Den Ingwer schälen und hacken. 2 EL Öl in dem Wok erhitzen und das Gemüse darin anbraten danach ebenfalls herausnehmen und warmstellen. 1 EL Öl in demselben Wok erhitzen und das Fleisch von allen Seiten anbraten. Danach mit Salz würzen. Die Tomaten zu dem Fleisch geben und alles mischen. Danach das Gemüse hinzugeben und mit 3-4 EL Wasser sowie Sojasauce mischen. Das Ganze abschmecken und einkochen. Zum Schluss das Fleisch mit dem Reis servieren.

Nudeln in Erdnusssauce mit Hähnchenfleisch

Zutaten für 4 Portionen :

- Salz und Pfeffer
- 1 Glas Sojabohnenkeimlinge
- Sambal Oelek
- 400 ml ungesüßte Kokosmilch
- Dunkle Sojasauce
- 400 g Hähnchenbrustfilet
- 2 EL Öl
- 3 EL Erdnussbutter
- 150 ml Brühe
- 1 Bund Lauchzwiebeln
- 150 g vorgegarte Nudeln für den Wok

Zubereitung:

Die Lauchzwiebeln waschen und klein schneiden. Das Fleisch ebenfalls klein schneiden. In einem Wok Öl erhitzen und das Fleisch mit den Lauchzwiebeln anbraten. Mit der Kokosmilch und der Brühe ablöschen. Danach die Erdnussbutter einrühren und mit Salz sowie Pfeffer abschmecken. Anschließend die Sojabohnenkeimlinge hinzugeben. Danach mit Sambal Oelek und der Sojasauce abschmecken. Alles für 3 Minuten garen lassen. Zum Schluss die Nudeln untermischen und servieren.

Hähnchen und Rind mit Nudeln, Eiern und Krabben

Zutaten für 4 Portionen:

- 200 g Mie-Nudeln
- 200 g Hähnchenbrustfilet/1 Zwiebel
- 200 g Rindfleisch/2 Knoblauchzehen
- 4 EL helle Sojasauce/200 g Krabben
- 4 EL süße Sojasauce/6 Blätter Chinakohl
- 4 EL Öl/4 Frühlingszwiebeln
- 1 TL Sambal Oelek
- 2 Karotten/2 Eier

Zubereitung:

Das gesamte Fleisch würfeln. Das Sesamöl mit der hellen Sojasauce mischen und auf zwei Schüsseln aufteilen. In die eine Schüssel die süße Sojasauce sowie das Hähnchenfleisch geben und in die andere Schüssel das Sambal Oelek und das Rindfleisch rühren. Alles für 2 Stunden marinieren. Die Karotten in Streifen schneiden. Die Frühlingszwiebeln in Ringe schneiden. Den Chinakohl in Streifen schneiden. Die Zwiebel in Ringe schneiden und mit etwas Mehl mischen. Den Knoblauch schälen und in Scheiben schneiden. Die Eier miteinander verquirlen. Die Nudeln nach Packungsanweisung zubereiten. Das Öl in einem Wok erhitzen und die Zwiebeln darin braten. Danach aus dem Wok nehmen und warmhalten. Erneut Öl in dem Wok erhitzen und das Rindfleisch ohne Marinade anbraten. Danach das

Hühnchen ohne Marinade hinzugeben. Alles fertig garen und ebenfalls aus dem Wok nehmen. Anschließend die Frühlingszwiebeln mit den Karotten und den Knoblauch anbraten. Die restliche Marinade hinzugeben und einkochen lassen. Den Chinakohl hinzugeben und mitkochen. Das Ganze abschmecken und das Fleisch hinzugeben. Die fertigen Nudeln untermischen und alles erhitzen. Danach die Krabben unterrühren. Fertig garen und anrichten. In dem Wok das Ei unter Rühren stocken und zusammen mit den Zwiebeln über die Nudeln geben.

Kokos-Thai-Hähnchen

Zutaten für 4 Portionen:

- Salz und Pfeffer/500 g Hähnchenbrustfilet
- 2 TL Öl/1 Glas Maiskolben
- 1 Möhre/3 Frühlingszwiebeln
- 2 Beutel Reis/1 Glas Bambussprossen
- 1 rote Chilischote/120 g rote Currypaste
- 1 gelbe Paprikaschote/1 Dose Kokosmilch
- 1 rote Paprikaschote/2 TL Sojasauce
- Currypulver/Chilipulver

Zubereitung:

In einem Wok das Öl und die Sojasauce erhitzen. Das Hähnchenfleisch in Streifen schneiden und in dem Wok anbraten. Das Ganze würzen. Die Paprika waschen und in Streifen schneiden. Die Möhre schälen und ebenfalls in Streifen schneiden. Die Frühlingszwiebeln waschen und in Ringe schneiden. Das Fleisch mit der Kokosmilch ablöschen. Danach die Currypaste einrühren. Anschließend das Gemüse sowie die Sprossen hinzugeben und alles für 20 Minuten dünsten. Den Reis nach Packungsanweisung kochen und alles servieren.

Tofu mit Spinat

Zutaten für 2 Portionen:

- Salz und Pfeffer
- 200 g Tofu
- Chilipulver
- 2 EL Öl
- 1 TL Koriander
- 1 Zwiebel/1 TL Kurkuma
- 1 Knoblauchzehe
- 100 ml Kokosmilch
- 300 g Spinat/2 Tomaten

Zubereitung:

Den Tofu würfeln. Die Zwiebel und den Knoblauch schälen. Die Zwiebel würfeln und den Knoblauch hacken. Den Spinat waschen und klein zupfen. Die Tomaten mit kochendem Wasser überbrühen und anschließend häuten. Danach das Fruchtfleisch der Tomaten würfeln. In einem Wok Öl erhitzen. Den Tofu darin anbraten und wieder herausnehmen. Den Tofu auf einem Küchenpapier abtropfen lassen. In demselben Wok den Knoblauch und die Zwiebeln anbraten. Danach den Spinat hinzugeben und zusammenfallen lassen. Mit der Kokosmilch alles ablöschen. Anschließend die Tomaten hinzugeben und alles köcheln lassen. Abschmecken und nochmal ziehen lassen.

Grünes Hähnchen

Zutaten für 3 Portionen:

- Salz und Pfeffer/300 g Hähnchenbrustfilet
- ½ TL Zucker/1 TL Speisestärke
- 100 g Cashewnüsse/1 Knoblauchzehe
- 3 EL Öl/1 EL Ingwer
- 300 g Brokkoli/2 rote Chilischoten
- 1 Zwiebel/2 EL Sesamöl
- 2 EL Sojasauce/5 EL Gemüsebrühe
- 2 EL Sherry

Zubereitung:

Das Fleisch in Streifen schneiden und mit der Stärke einreiben. Den Knoblauch sowie den Ingwer schälen. Die Chilischoten entkernen und hacken. Den Knoblauch und den Ingwer hacken. Die Chilischote mit dem Ingwer sowie dem Knoblauch mischen. Dazu 1 EL Sesamöl und 1 EL Sojasauce geben und verrühren. Das Fleisch darin für 2 Stunden ziehen lassen. Die Zwiebel schälen und würfeln. Den Brokkoli waschen und in Röschen teilen. In einem Wok das restliche Öl erhitzen und die Cashewkerne rösten. Die Nüsse anschließend aus dem Wok nehmen und zur Seite stellen. Das Fleisch in dem Wok ohne die Marinade anbraten. Mit Salz und Pfeffer sowie etwas Zucker würzen und ebenfalls aus dem Wok nehmen. In dem Fett die Zwiebeln anbraten. Danach den Brokkoli hinzugeben und mitbraten. Die Marinade mit der Sojasauce, der Gemüsebrühe und dem Sherry hinzugeben und mischen. Danach das Fleisch sowie die Cashewkerne hinzugeben und alles für 2 Minuten erhitzen.

Hühnchen mit scharfer Limette

Zutaten für 4 Portionen:

- Öl
- 600 g Hähnchenbrustfilet
- 4 EL Lauchzwiebeln
- 1 Knoblauchzehe
- 4 EL Brühe
- 3 cm Ingwer
- 2 TL Sambal Oelek
- ½ Limette
- 1 TL Zucker
- 2 TL helle Sojasauce

Zubereitung:

Das Hähnchen in Streifen schneiden. Den Knoblauch schälen und hacken. Den Ingwer schälen und reiben. Die Limette waschen und die Schale abreiben. Danach die Limette auspressen. Die Lauchzwiebeln in Ringe schneiden. In einem Wok das Öl erhitzen und den Ingwer mit dem Knoblauch anbraten. Danach das Fleisch hinzugeben und ebenfalls anbraten. Dazu die Brühe, das Sambal Oelek, den Limettenabrieb und die Sojasauce unterrühren. Mit dem Limettensaft, und dem Zucker abschmecken. Zum Schluss die Lauchzwiebeln untermischen.

Gelbes Tofu-Curry

Zutaten für 2 Portionen:

- 1 Limette/250 g Tofu
- Salz/2 TL mildes Currypulver
- 100 g Sojasprossen/3 EL Öl
- 200 ml Gemüsebrühe/1 Knoblauchzehe
- 200 ml ungesüßte Kokosmilch
- 30 g Ingwer/250 g grüner Spargel
- 1 grüne Chilischote/3 Frühlingszwiebeln

Zubereitung:

Den Tofu würfeln. 2 EL Öl mit 1 TL Currypulver mischen und den Tofu darin für 15 Minuten marinieren. Den Ingwer schälen und mit dem Knoblauch und der Chilischote würfeln. Die Frühlingszwiebel waschen. Von dem Spargel den unteren Teil schälen und die Enden abschneiden. Die Frühlingszwiebeln mit dem Spargel klein schneiden. In einem Wok den Tofu anbraten und mit Salz würzen. Den Tofu aus dem Wok nehmen. 1 EL Öl darin erhitzen und die Frühlingszwiebeln mit dem Spargel, dem Knoblauch, der Chilischote sowie dem Ingwer anbraten. Das Ganze ebenfalls mit Salz würzen und 1 TL Currypulver untermischen. Mit der Brühe und der Kokosmilch ablöschen und aufkochen lassen. Für 5-7 Minuten kochen lassen. Danach die Hälfte der Sprossen und den Tofu untermischen und für weitere 3 Minuten kochen lassen.

Pak Choi mit Teriyaki Sauce

Zutaten für 2 Portionen:

- Öl
- 1 Zwiebel
- 1 EL Sesam
- 2 Karotten
- ½ TL Fünf-Gewürz-Pulver
- 500 g Pak Choi
- Brauner Zucker
- 5 EL Teriyaki Sauce

Zubereitung:

Die Zwiebel schälen und in Ringe schneiden. Die Karotten schälen und in Stifte schneiden. In einem Wok Öl erhitzen und die Zwiebeln mit den Karotten anbraten. Danach etwas Zucker darüber geben und karamellisieren lassen. Dabei ständig rühren. Das Pak Choi waschen und in Scheiben schneiden. Das Pak Choi unter die Zwiebeln mischen und anbraten. Danach mit dem Gewürzpulver sowie der Teriyaki Sauce würzen. Alles nochmals 10 Minuten köcheln lassen. Zum Schluss den Sesam unterrühren.

Süßes Curry mit Garnelen

Zutaten für 2 Portionen:

- 1 rote Chilischote
- 300 g geschälte, entdarmte Garnelen
- 1 Handvoll Basilikum
- 2 EL rote thailändische Currypaste
- 60 ml Limettensaft
- 60 ml Fischsauce
- 2 EL Palmzucker
- 500 ml Kokosmilch
- 200 g Ananas

Zubereitung:

Zuerst die Garnelen waschen. Die Ananas pürieren. Die Kokosmilch mit dem Ananaspüree, der Currypaste und der Fischsauce unter Rühren aufkochen lassen. Danach die Garnelen und den Limettensaft unterrühren. Alles für 3-5 Minuten köcheln lassen. Zum Schluss das Basilikum und den Zucker unterheben. Mit der Fischsauce abschmecken. Die Chilischote entkernen und in Streifen schneiden. Das Curry anrichten und mit dem Chili garnieren.

Spargel mit Garnelen

Zutaten für 4 Portionen:

- 1 EL Ingwer
- 2 EL Öl
- 100 ml Hühnerbrühe
- 400 g Garnelen ohne Kopf
- ¼ TL Zucker
- 1 TL Speisestärke
- 1 EL helle Sojasauce
- 1 EL Knoblauch
- 1 EL Austernsauce
- 2 Schalotte/1 EL Fischsauce
- 500 g grüner Spargel

Zubereitung:

Den Knoblauch schälen und hacken. Die Schalotten würfeln. Bei dem Spargel das untere Drittel schälen. Den Ingwer schälen und würfeln. Die Garnelen aus der Schale lösen und den Darm entfernen. Danach mit der Speisestärke einreiben. Den Spargel in Stücke schneiden. Die Garnelen mit dem Knoblauch und dem Ingwer anbraten. Alles aus dem Wok nehmen und zur Seite stellen. Die Schalotten in demselben Wok mit dem Spargel anbraten. Anschließend mit der Brühe ablöschen. Mit Zucker, Pfeffer, Sojasauce, Fischsauce und Austernsauce abschmecken. Alles nochmals kochen und die Garnelen untermischen.

Curry mit Ananas und Kokosmilch

Zutaten für 3 :Portionen

- Chilipulver
- 400 g Hähnchenbrust
- 2 EL Sesamöl
- 1 Dose Kokosmilch
- Salz und Pfeffer
- 50 g Mandelblättchen
- Currypulver
- ½ Ananas
- 2 Frühlingszwiebeln

Zubereitung:

Das Hähnchen würfeln und mit Salz sowie Pfeffer würzen. Die Frühlingszwiebeln in Ringe schneiden. In einem Wok das Sesamöl erhitzen und die Frühlingszwiebeln anbraten. Danach das Fleisch hinzugeben und mitbraten. Anschließend die Mandelblättchen unterrühren. Mit der Kokosmilch ablöschen und für 10 Minuten köcheln lassen. Die Ananas schälen und das Fruchtfleisch würfeln. Die Ananas zu dem Fleisch geben und alles mit Curry abschmecken. Nochmals für 5 Minuten köcheln lassen. Vor dem Servieren mit Salz, Pfeffer, Curry und dem Chilipulver abschmecken.

Erdnusssauce mit Tofu und Brokkoli

Zutaten für 4 Portionen:

- 100 ml Gemüsebrühe
- 100 g geröstete Erdnüsse
- 7 EL Öl/1 EL Erdnussbutter
- 400 g fester Tofu/1 TL brauner Zucker
- 4 Frühlingszwiebeln/½ TL rote Currypaste
- 800 g Brokkoli/400 ml Kokosmilch
- Sojasauce/100 ml Sahne

Zubereitung:

Zuerst den Brokkoli in Röschen teilen. Den Zucker karamellisieren und die Currypaste einrühren. Danach die Erdnussbutter und die Erdnüsse untermischen. Mit 100 ml Wasser sowie der Kokosmilch ablöschen. Alles aufkochen lassen und die Sahne unterrühren. Nochmals für 10 Minuten einkochen und mit der Sojasauce würzen. Die Frühlingszwiebeln in Scheiben schneiden. Den Tofu würfeln. In einem Wok 4 EL Öl erhitzen. Den Tofu darin anbraten und auf einem Küchenpapier abtropfen lassen. Den Wok auswischen und erneut 3 EL Öl darin erhitzen. Den Brokkoli anbraten und mit der Gemüsebrühe ablöschen. Den Brokkoli für 3 Minuten garen. Anschließend den Tofu und die Zwiebeln untermischen. Mit der Sojasauce abschmecken. Das Tofu-Gemüse mit der Erdnusssauce anrichten.

Rinderknoblauch

Zutaten für 2 Portionen:

- 4 EL Olivenöl
- 500 g Rinderfilet
- 2 EL medium Sherry
- 4 Knoblauchzehen
- 2 EL Brühe
- 1 TL brauner Zucker
- 3 EL Sojasauce

Zubereitung:

Das Fleisch in Streifen schneiden. Den Knoblauch pressen und mit der Brühe, dem Sherry, dem Zucker sowie der Sojasauce mischen. Das Fleisch darin für 60 Minuten marinieren. In einem Wok Öl erhitzen und das Fleisch ohne Marinade anbraten. Zum Schluss mit der Marinade ablöschen und für 1 Minute schmoren lassen.

Fruchtiges Fisch-Curry

Zutaten für 4 Portionen:

- Salz und Pfeffer
- 3 Fischfilets
- Gemüsebrühe
- 400 ml Kokosmilch
- Curry
- 200 ml Schmand
- 1 Dose stückige Ananas
- 1 Karotte
- 2 Stangen Lauch

Zubereitung:
Den Fisch würfeln und in einem Wok anbraten. Den Lauch in Streifen schneiden und zu dem Fisch geben. Die Karotte klein schneiden und ebenfalls zu dem Fisch geben. Alles anbraten und mit der Ananas ablöschen. Zum Schluss die Kokosmilch und den Schmand unterrühren. Mit 2-3 TL Gemüsebrühe würzen. Vor dem Servieren mit Curry, Salz und Pfeffer abschmecken.

Cashew-Hühnchen mit Eiernudeln

Zutaten für 4 Portionen:

- Chilischoten
- 4 Hühnerbrüste
- 6 Frühlingszwiebeln
- 3 Knoblauchzehen
- 120 g geröstete und ungesalzene Cashewnüsse
- 4 EL Sojasauce
- 4 EL Öl
- 2 EL Mehl
- 250 g chinesische Eiernudeln

Zubereitung:

Das Fleisch in Streifen schneiden. Den Knoblauch schälen und hacken. Die Frühlingszwiebeln klein schneiden. Die Sojasauce mit dem Knoblauch mischen und das Fleisch darin kurz marinieren. Danach in dem Mehl wenden und für 30 Minuten ziehen lassen. Die Nudeln nach Anweisung zubereiten. In einem Wok Öl erhitzen und das Fleisch inklusive der Marinade darin rösten. Die Frühlingszwiebeln und die Cashewnüsse hinzugeben und nochmals für 3 Minuten rösten. Die fertigen Nudeln unterheben und 2 Minuten mitbraten. Zum Servieren und mit Chilischoten garnieren.

Honig-Sesam-Hähnchen

Zutaten für 2 Portionen:

- Öl
- 300 g Hähnchenfilet
- 1 Glas Bambussprossen
- 8 EL Sojasauce/1 Möhre
- 4 EL Orangensaft/1 rote Zwiebel
- 3 TL flüssiger Honig
- ½ rote Paprikaschote
- 2 EL Chilisauce/2 Frühlingszwiebeln
- 1 TL Sambal Oelek
- 100 g Zuckerschoten
- 1 EL Sesam
- Gewürzmischung
- 50 g Mehl

Zubereitung:

Den Orangensaft mit der Sojasauce, dem Honig, dem Sambal Oelek, dem Chinagewürz, der Chilisauce und dem Sesam mischen. Das Hähnchen würfeln und mit Mehl bestäuben. Das Fleisch in der Honig-Mischung für 30 Minuten marinieren. Die Zuckerschoten klein schneiden. Die Frühlingszwiebeln in Ringe schneiden. Die Paprika, die Zwiebel und die Möhre würfeln. In einem Wok Öl erhitzen und das Fleisch inklusive der Marinade anbraten. Danach das Gemüse hinzugeben und für 5 Minuten braten.

Impressum

 Kontakt: Chen Lu Williams c/o Autoren.Services Zerrespfad 9 53332 Bornheim Covergestaltung: Fiverr.com Coverfoto: Depositphotos.com Taschenbuch wird gedruckt bei: Amazon Media EU S.á r.l., 5 Rue Plaetis, L- 2338, Luxembourg.

Printed in Poland
by Amazon Fulfillment
Poland Sp. z o.o., Wrocław

52683483R00117